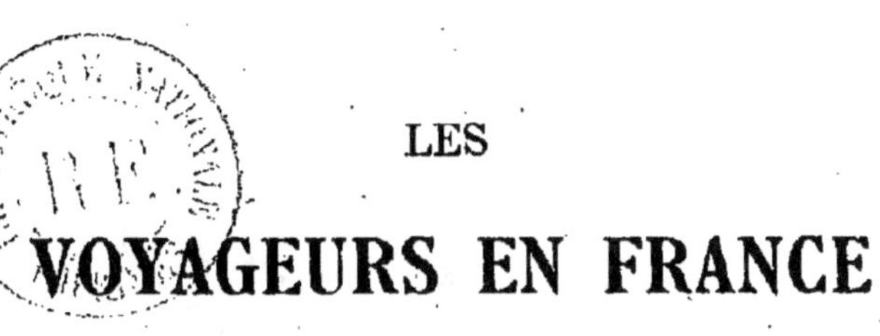

Nº 183

Le parfait Cocher.

LES
Voyageurs en France

DEPUIS LA RENAISSANCE JUSQU'A LA RÉVOLUTION

PAR

ALBERT BABEAU

DE L'INSTITUT

Ouvrage couronné par l'Académie des Sciences morales et politiques

TOURS

MAISON ALFRED MAME ET FILS

AGENCE A PARIS — 6, RUE MADAME (6°).

INTRODUCTION

Lorsque l'on veut connaître l'état social d'un peuple à une époque déterminée, il est nécessaire de faire appel à tous les témoignages. Ces témoignages sont de deux sortes. Les premiers ont une authenticité qu'on ne saurait discuter; ce sont les pièces d'archives, les actes judiciaires, les contrats de tous genres; ils sont précis, ils sont exacts, mais ils manquent de mouvement; ils donnent les traits, mais ils ne rendent pas les couleurs; ils font connaître les faits et les objets extérieurs, mais ils ne révèlent ni l'âme ni la pensée. Les seconds sont plus animés, plus vivants, mais en même temps plus passionnés et par conséquent moins sincères; ce sont les mémoires des contemporains, les correspondances, les observations des moralistes, les traits de mœurs épars çà et là dans le théâtre et le roman, enfin les récits des voyageurs.

Ce sont ces derniers témoignages que nous avons voulu recueillir pour la période de notre histoire qui s'étend de la Renaissance à la Révolution. Ils ont présque tous l'intérêt qui s'attache aux récits des personnes qui parlent de ce qu'elles ont vu ; ils donnent des détails qu'on ne trouve point dans d'autres écrits ; mais, s'ils sont précieux à plus d'un titre, ils doivent être consultés avec une certaine précaution. Il n'est rien de plus variable que les impressions de voyage ; elles diffèrent selon les caractères et selon les circonstances ; elles subissent des influences de tout genre : l'état de la santé, le beau et le mauvais temps, contribuent à les rendre plus ou moins favorables. Si certains hommes portent en voyage l'ennui qu'ils veulent fuir, d'autres y conservent l'esprit bienveillant ou chagrin qui les distingue ; les uns seront d'un pessimisme affligeant, les autres d'un optimisme fastidieux. Bien peu sauront conserver l'équilibre de leur jugement, sans se laisser émouvoir par la fatigue, par les petits et les grands ennuis de la route, par les exactions ou le bon accueil des hôteliers, par la prévention favorable ou défavorable. Mais tous, quelle que soit la rectitude ou la partialité de leur esprit, peuvent être entendus avec profit, parce qu'ils ont vu ce qu'ils racontent, et que le plus souvent ils peuvent dire : « J'étais là, telle chose m'advint. »

On peut ajouter que la plupart d'entre eux n'ont aperçu que le côté superficiel des pays qu'ils traversaient plus ou moins rapidement ; qu'ils ont vu les monuments plutôt que les hommes, les auberges plutôt que les maisons, et qu'il leur a été donné d'apprécier l'état des routes plutôt que celui des campagnes. Mais un voyageur intelligent peut saisir rapidement les contrastes, les différences que présentent les pays qu'il visite avec celui qu'il habite. S'il ne lui est pas permis de tout voir, si ce qui lui échappe est plus considérable que ce qu'il peut apercevoir, il n'en recueille pas moins des informations, qui, toutes défectueuses qu'elles sont, servent à en rectifier ou à en compléter d'autres; il n'en émet pas moins des jugements qu'on peut discuter, mais qui ont le mérite d'être l'écho des opinions de ses contemporains et de ses compatriotes.

Les impressions des étrangers sont d'ordinaire plus vives et plus originales que celles des habitants du pays lui-même. Ils ont des termes de comparaison qui manquent à ces derniers. Les différences en effet frappent plus que les similitudes. On ne décrit pas ce qu'on voit tous les jours; on ne juge pas à propos de mettre en relief des mœurs, des usages, des aspects que l'on connaît depuis l'enfance. « Dès que l'on met le pied sur la terre étrangère, dit très bien un voyageur du XVIIIᵉ siècle, un sentiment irrésistible dé curiosité vous saisit. On voit, on observe, on dévore, on compare tout à ce qu'on quitte ou à ce qu'on a vu [1]. » Alfieri, débarquant pour la première fois en France, à Antibes, est surpris d'entendre une autre langue, de voir d'autres usages, d'autres constructions, d'autres figures; et, bien que, selon lui, tout fût pire que mieux, il n'en est pas moins charmé de la diversité qui s'offre à ses regards. Il dit ailleurs que « là

[1] *Voyages de Guibert dans diverses parties de la France et en Suisse...*, p. 289, 290.

même toute ordure française lui parut rose ». Les impressions plus tard peuvent se modifier ; Alfieri en est un éclatant exemple. Mais d'autres restent sous le charme de leur première surprise, et tout le reste de leur voyage s'en ressent. Quelques-uns, au contraire, sont frappés par les mauvais côtés, recherchent sans cesse des comparaisons malveillantes, et, sous l'impulsion de leur mauvaise humeur ou d'autres circonstances, rédigent des réquisitoires au lieu d'écrire des panégyriques.

C'est en relevant les uns et les autres, en les rapprochant des récits de voyage qui s'efforcent d'atteindre l'impartialité et qui y parviennent parfois, que l'on peut se faire une idée à peu près exacte de la physionomie du pays à l'époque où les voyageurs s'y sont trouvés. Dans ce but, nous analyserons rapidement les observations d'un grand nombre d'entre eux. Nous avons été amenés à les recueillir, en cherchant des documents sur la vie sociale et privée de nos pères. Aussi faut-il voir dans leur réunion plutôt une série de notes et d'esquisses qu'un tableau d'ensemble. Ces esquisses, nous les avons prises un peu partout. Au XVIe et au XVIIe siècle, on ne connaissait guère que des descriptions géographiques, des itinéraires ou bien d'agréables badinages, comme ceux de Chapelle et de Bachaumont. Il a fallu parfois demander aux mémoires, aux correspondances des impressions sincères et marquées au cachet de la personnalité du voyageur. Dans les récits didactiques, nous avons laissé de côté la description des monuments et des villes, parce que sous ce rapport les auteurs se sont presque toujours copiés les uns les autres, et que nous risquerions d'être accablés sous le nombre des détails d'architecture et d'archéologie que nous aurions à relever. Ce que nous ferons ressortir, c'est la manière de voyager, si différente de la nôtre et qui jette de réelles lumières sur l'état social, et même politique, de l'époque ; c'est l'aspect général des villes et des campagnes ; ce sont les symptômes de richesse et de misère, les mœurs, les usages, le caractère des habitants, sans négliger certaines particularités, qui, pour être des traits exceptionnels, n'en sont pas moins des témoignages de l'état des esprits et de la civilisation.

I

La manière de voyager est bien plus en rapport qu'on ne pourrait le croire avec l'état social et politique des nations. On peut, à ce point de vue, diviser notre histoire depuis le XIᵉ siècle en trois âges bien distincts : l'âge du cheval, l'âge de la voiture, l'âge des chemins de fer. L'âge du cheval correspond à la féodalité ; l'âge des voitures à la monarchie sans contrôle ; l'âge des chemins de fer est commencé, et c'est à l'avenir qu'il appartiendra de déterminer exactement à quelle forme générale de gouvernement il se rattachera. Il est à remarquer que l'âge du cheval avait suivi une longue période pendant laquelle on s'était servi de voitures. De nombreuses voitures circulaient sur les belles routes dont la civilisation romaine avait

couvert la Gaule. Les Mérovingiens fainéants promènent encore leur nonchalance dans des chars attelés
de bœufs. Puis, la féodalité hérisse l'Europe de ses
châteaux ; toute bourgade devient une sorte de petit
État, relié par les nœuds de la hiérarchie à des États
supérieurs et voisins, mais possédant sa force armée
et ses remparts ; cherchant à se défendre plutôt qu'à
se répandre, se défiant de son voisin, jaloux de son
autorité propre et de ses privilèges. Aussi se garde-t-on
de toujours entretenir les chemins et ne se presse-t-on
pas de relever les ponts, lorsque la nécessité des
guerres a forcé de les détruire. Les voitures bientôt
ne purent plus circuler sur les routes effondrées, à
travers les rivières qu'on ne pouvait franchir qu'à
gué. On voyagea à cheval, et, par exception, les nobles
dames et les personnes âgées ou infirmes se servirent
de litières, portées par des hommes ou par des chevaux[1].

On voyageait pourtant, même dans le peuple. Les
pèlerinages emmenaient à l'extrémité de la France
des caravanes de pèlerins. La mère de Jeanne d'Arc
était allée ainsi jusqu'à Puy[2]. Les artisans faisaient
leur tour de France ; les étudiants se rendaient dans
les grandes villes[3]. Les vilains allaient à pied, les
bourgeois et les nobles à cheval ; et l'on finissait le plus
souvent par arriver.

[1] Viollet-le-Duc, *Dictionnaire du mobilier français*, I, 187.
[2] Siméon Luce, *Revue des Deux Mondes*, 1er mai 1881.
[3] Marino Cavali dit, en 1546, qu'il y a à Paris de 16 à
20000 étudiants. (*Relation des ambassadeurs vénitiens*, I, 263.)

Cet état de choses commença à se modifier au
XVIe siècle. La Renaissance, qui vint de l'Italie, ne
fut pas seulement artistique, elle fut aussi politique.
Les princes cherchèrent à ressaisir le pouvoir souve-
rain de ces Césars dont on exhumait de toutes parts
les statues, les bustes et les médailles. Les légistes
avaient préparé les voies. La centralisation romaine
renaissait. On songea à réparer, à élargir les routes,
à les rendre praticables et capables de laisser rouler
les carrosses et les coches, dont la mode, comme le
nom, venait aussi de l'Italie.

C'est en 1571, pour la première fois, que nous
voyons une princesse arriver en coche dans la ville
de Troyes. La duchesse de Guise y fit son entrée dans
une voiture de ce genre [1]. L'usage des voitures, si res-
treint à Paris même, se répandit rapidement [2]. Nous
avons trouvé dans un compte de tutelle de 1587 le
prix de location « d'une coche » pour mener de Paris
à Poissy la fille d'un marchand de Paris. Marie de
Santeul, c'était son nom, fut conduite en coche par
ses parents et ses amis au couvent de Poissy, où elle
devait faire son éducation [3]. Les voitures publiques

---

[1] *Les rois de France à Troyes au* XVIe *siècle*, p. 71. Ce
n'est pas qu'on ne puisse citer antérieurement des voyages en
voiture. Le comte de Laborde, dans son *Glossaire*, et Viollet-
le-Duc citent un certain nombre de chars et de chariots-bran-
lants au moyen âge; mais l'usage n'en était ni général, ni ré-
gulier, ni fréquent.

[2] D. Ramée, *la Locomotion. Histoire des chars, carrosses...*,
1856, p. 73 et suiv.

[3] Sept escus-sol pour trois journées de louage d'une coche,
dans laquelle ladite Marie de Santeul a esté menée en ladite
abbaye de Poissy... Treize escus-sol pour la despense faite à

s'établirent presque en même temps ; elles faisaient succéder au particularisme du moyen âge les bénéfices de l'association. En 1598, le corps municipal de Troyes réglemente le tarif du transport des lettres, des paquets et des voyageurs sur les coches, « qui allent et viennent de Paris en ceste ville. » Il le remet au taux où il était avant les dernières guerres civiles, à un sol pour le port d'une lettre ou d'une livre de marchandise, à un écu et demi au plus par personne[1]. Des coches de ce genre s'établirent peu à peu, mais lentement, entre les grandes villes et Paris. Ce fut en 1613 que le grand conseil de Metz fit un traité pour l'établissement d'un coche ordinaire pour Paris[2]. Encore en 1686, il n'y avait entre Rouen et le Havre qu'une charrette de messager, couverte d'une toile, à travers laquelle il pleuvait, et qui n'était « ni honnête ni commode[3] ». Aussi beaucoup de voyageurs continuèrent-ils à se servir de chevaux. On verra dans l'Itinéraire de Just Zinzerling comment était organisé, sous Henri IV, un service de poste aux chevaux, dont quarante ans plus tard l'auteur d'un *Voyage de France* parlera encore.

la conduite de ladite Marie de Santeul par aucuns de ses parents et amis... Un escu-sol à un gaigne-deniers pour avoir arresté à accompagner et mener ladite Marie à ladite abbaye. (Mss. Bibl. Troyes, n⁰ 2640.)

[1] Délibération municipale du 2 septembre 1598. Arch. de la ville de Troyes.

[2] Paul de Mardigny, *Notice historique sur les voitures publiques de Metz à Paris*, 1853, p. 5.

[3] A. de Boislisle, *Correspondance des contrôleurs généraux*, I, n° 235.

Les premiers coches marchaient aussi lentement que les chevaux de transport. Longtemps les étapes furent déterminées par la longueur du trajet que ces animaux peuvent faire en un jour sans fatigue. Cette longueur ne dépassait pas dix ou onze lieues de quatre kilomètres. Ce fut seulement lorsque les relais furent régulièrement organisés qu'il fut possible d'aller plus vite. Sous Louis XIV, grâce aux progrès de la viabilité, qui tenait à ceux de la centralisation, les communications devinrent plus rapides. Parmi les coches, on nommait « coches volants » ceux qui faisaient une plus grande diligence que les autres. De là vint le nom de diligences, qu'on donnait dès 1691 à certains bateaux, à certains carrosses, bien attelés, dont la vitesse était supérieure à celle des autres. La diligence de Paris à Lyon faisait le trajet en cinq jours[1]. C'était environ vingt-cinq lieues par jour. On s'arrêtait pour les repas et pour la nuit.

Le plus grand progrès, qui s'accomplit dans la rapidité des transports publics, eut lieu sous Louis XIV. Pour la première fois, on voyagea régulièrement la nuit. Longtemps, on s'était arrêté au moment où le soleil se couchait. Si l'on n'avait pas le temps d'atteindre la ville prochaine, on prenait gîte dans le premier village venu. Les routes n'étaient pas assez bonnes, ni souvent assez sûres, pour qu'on pût s'y aventurer dans l'obscurité. En outre, les portes des villes étaient fermées après le couvre-feu, et il n'était

---

[1] *Dictionnaire de Furetière,* 1691.

pas toujours facile de se les faire ouvrir[1]. La plupart de ces inconvénients et de ces obstacles n'existaient plus au xviiie siècle. Le système des corvées, appliqué souvent d'une manière arbitraire et parfois excessive, avait amélioré les grandes routes à tel point qu'il était possible d'y circuler sans danger à toute heure. Ce fut sous le ministère de Turgot que les diligences commencèrent à voyager la nuit. Les premières voitures qui inaugurèrent ce nouveau système furent appelées turgotines. Auparavant, les carrosses ou les coches, qui portaient aussi le nom de messageries, partaient ordinairement de Paris à 5 ou 6 heures du matin; désormais, elles partirent entre 11 heures du soir et minuit. On allait ainsi, avec des chevaux de poste, en un jour, à Rouen, à Reims, à Amiens, à Orléans, au lieu de deux jours comme auparavant. En 1774, le carrosse de Besançon employait huit jours l'été, neuf jours l'hiver, pour accomplir sa route; en 1775, il n'en mit plus que trois.

Toutes les voitures n'augmentèrent pas de même leur vitesse. Le trajet de Paris à Lyon durait toujours cinq jours; mais les voitures, que décrivent les voyageurs du temps, étaient bien améliorées. « Les diligences de Lyon, disait l'*Almanach royal* de 1775, sont suspendues sur des ressorts, qui les rendent au moins aussi douces que les chaises de postes et les berlines. » Quelle différence avec les coches volants, non suspendus, où les voyageurs du temps de

---

[1] Des grands seigneurs et des grandes dames pourtant voyageaient parfois la nuit au xviie siècle.

Louis XIV, semblables à des « condamnés à la roue »,
n'avaient pas un moment de repos pendant tout le
voyage[1]. Quel contraste même avec le coche de
Châteaudun, dont un auteur badin trace, en 1763,
le burlesque tableau[2].

Les diligences ne partaient pas tous les jours, même
pour des villes importantes en relations suivies
d'affaires avec Paris. Il fallait, si l'on était pressé,
si l'on voulait éviter les ennuis de la voiture publique,
recourir à la poste. Elle était, comme les messageries,
sous la haute direction de l'État, qui en tirait des

---

[1] Palaprat, Préface de l'*Important*, 1694.

[2]
    Sur deux ais ensemble cloués
    Qui de soupentes ont la forme,
    Qu'on s'imagine un coffre énorme
    Dont deux des côtés sont troués ;
    D'une peau noire et grimacière
    Le dehors en est tapissé ;
    Le dedans l'est de drap percé
    De vers par mainte fourmilière ;
    A chacun des côtés haussés,
    Des cuirs y servent de portière ;
    De deux grands paniers défoncés
    Sont garnis devant et derrière ;
    Et par deux manants houspillés,
    Huit vieux chevaux estropiés,
    A figure mélancolique,
    Qui pour squelettes employés
    Au cabinet anatomique,
    Devraient plutôt être envoyés,
    Tirent à pas multipliés
    Cette voiture léthargique.

(*La Pétrissée ou voyage de sire Pierre en Dunois*, 1763,
p. 21 et 22.)

2

revenus[1]; comme les diligences, elle s'améliora dans le cours du XVIIIe siècle. Depuis longtemps, grâce aux relais multipliés, elle permettait de voyager jour et nuit. Alfieri franchit en trois jours la distance de Lyon à Paris. Les voitures de poste de certains grands personnages comportaient même de singuliers raffinements. Le duc de Richelieu n'emportait pas seulement dans sa berline un véritable garde-manger, où trois entrées, prêtes à mettre au feu, étaient toutes préparées; il y avait fait disposer un lit. En décembre 1742, au moment de partir de Choisy-le-Roy, il fit bassiner ses draps, « se coucha en présence de trente personnes, et dit qu'on le réveillerait à Lyon[2]. » Il est probable qu'il se réveilla de lui-même auparavant.

Tous ceux qui couraient la poste ne prenaient pas leurs aises comme le duc de Richelieu. Beaucoup devaient avoir recours à des voitures de louage, dont il fallait payer le retour. Il arrivait aussi fréquemment qu'un voyageur acceptait ou sollicitait un compagnon pour partager avec lui les frais de la route. Lorsque Chateaubriand, âgé de dix-sept ans, alla pour la première fois de Rennes à Paris, il fit le trajet avec une marchande de modes, « leste et désinvolte, » qui avait une place à donner dans sa chaise de poste[3]. Jamais

---

[1] En 1786, la ferme des messageries rapportait 1100000 livres à l'État; la ferme des Postes (aux lettres et aux chevaux), 8100000 livres nets. (*Encyclopédie méthodique, Finances*, III, 497.)

[2] Duc de Luynes, *Mémoires*, IV, 299.

[3] *Mémoires d'outre-tombe*, I, 184 à 186. On lisait à cette

tête-à-tête, hâtons-nous de le dire, ne fut plus convenable.

Outre les voitures de différents genres que traînaient des chevaux de poste, les voyageurs pouvaient recourir à d'autres véhicules. Les uns allaient de ville en ville, à petites journées, avec leurs chevaux et leurs voitures ; les autres prenaient des carrosses de louage, qui coûtaient cher, parce que les voituriers devaient payer un droit élevé aux messageries. Il s'était même conservé, au XVIIIe siècle, des moyens de transport d'un autre temps. On conçoit qu'en 1621 un prélat comme le cardinal Bentivoglio se soit fait conduire en litière de Paris à Turin[1] ; on peut admettre encore qu'à l'époque de la Fronde, la femme d'un gentilhomme de Saintonge soit allée à Paris dans une litière portée par deux mulets, sur l'un desquels était montée une jeune fille qui fut depuis Mme de Maintenon[2] ; mais on a peine à se représenter, en 1745, le jeune Marmontel se rendant de Toulouse à Paris, vis-à-vis d'un petit marquis, dans une litière, dont la « caisse dandinante » était balancée selon l'allure de deux mulets[3].

époque dans les annonces des journaux qui se publiaient dans les grandes villes de province des demandes de *place pour aller en poste à frais communs à Paris.*

[1] Bentivoglio, *Lettres,* tr. de Veneroni, 1680, p. 225.

[2] La Baumelle, *Mémoires pour servir à l'histoire de Mme de Maintenon,* tome I, liv. II, chap. III.

[3] Marmontel, *Mémoires,* liv. II. — Sous Louis XIV, la duchesse de Nemours allait tous les ans de Neufchâtel à Paris en chaise à porteur. (Mercier, *Tableau de Paris,* VII, 343.) — Je trouve encore, à la veille de la révolution, une jeune fille noble se rendant à Châtillon-sur-Seine dans une litière

Les coches d'eau étaient aussi une ressource pour les voyageurs, surtout pour ceux qui avaient un long trajet à faire. Les beaux fleuves qui arrosent la France furent longtemps les chemins les plus doux et les plus aisés que l'on pût suivre. Ils allégeaient de beaucoup les fatigues du voyage. Ainsi, pour se rendre à **Marseille**, on pouvait remonter la Seine et l'Yonne jusqu'à Auxerre, descendre la Saône et le Rhône jusqu'à Beaucaire. On pouvait aussi gagner Orléans et remonter la Loire jusqu'à Roanne. Lorsque le canal du Midi fut ouvert, il fut facile de se rendre de Bordeaux à Cette par eau. Il y avait aussi des coches d'eau sur la Seine. Le poète Sarrazin a dépeint sous des couleurs peu favorables le bateau qui le conduisit à Rouen. Les passagers étaient « couchés, comme des rats en paille », sous une tente formée de branches de saules recouvertes d'une toile déchirée. Le coche de Montereau était plus vaste et mieux aménagé, à la fin du siècle dernier. Mais quel encombrement dans cette lourde machine, qui pouvait contenir quatre cents personnes de toutes les conditions ! quelle lenteur pour remonter la Seine, au pas de quatre vigoureux chevaux, qui tiraient le bateau par une corde attachée au grand mât[1] !

Les voyages d'autrefois étaient de véritables expéditions. Au XVIe siècle, un bourgeois ne se mettait pas

du roi, portée par des mulets. (Mémoires inédits de Mme Victorine de Chatenay, communiqués par M. G. Laperouse.)

[1] Bertin, *Voyage en Bourgogne*, 1777. — Voir plus loin le voyage de Mme de Bondon.

en route sans un domestique; un notable emmène en
route une « mulette » pour porter son bagage et
pour « luy servir à Paris ». En 1484, les députés du
tiers état de Troyes aux états de Tours s'étaient fait
suivre de leurs lits[1]. On voyageait avec une partie de
son mobilier, avec des tapisseries par exemple. Longtemps, dans les châteaux, comme dans les maisons
bourgeoises, comme dans les chaumières, il n'y avait
guère eu d'autres meubles que des coffres qu'il était
facile d'emporter. Les nobles et les grands seigneurs
étaient accompagnés d'une suite souvent nombreuse.
Les carrosses étaient escortés de gentilshommes et de
valets à cheval. A l'intérieur, on s'arrangeait pour
passer le temps le mieux possible. Le chancelier
d'Aguesseau faisait expliquer à ses enfants leurs
auteurs grecs et latins dans son carrosse[2]. Mme de
Sévigné, comme on le verra, y lisait les livres nouveaux.

A aucune époque, les ennuis de tous genres n'arrê-
tèrent les voyageurs. Leur nombre alla toujours en
augmentant. « On voyage sans nécessité, sans affaires,
sur le plus léger prétexte, » dit Mercier en 1788.
Grâce aux routes, « les correspondances se multiplient
de ville en ville, de province en province. Rien ne
vaut une bonne berline anglaise, chargée de toutes
choses commodes, qui s'arrête et part quand on

[1] Archives de Troyes, A A, 42. 1. — En 1681, Mme de Maintenon voyageait aussi avec son lit. (*Lettres,* éd. 1778, I,
181.)

[2] Charles de Ribbe, *la Vie domestique,* I, 324.

veut[1]. » On fait cinquante ou cent lieues pour aller à une fête, pour passer une soirée à l'Opéra. En songeant à leurs ancêtres qui allaient à cheval, exposés aux intempéries de l'air, les gens du siècle dernier, qui roulaient sur de bonnes routes, dans de bonnes berlines, pouvaient s'estimer aussi heureux que nous nous estimons nous-mêmes en songeant à eux, lorsqu'un train rapide nous emporte à travers des contrées fastidieuses, avec une vitesse de 90 kilomètres à l'heure.

II

Les privilégiés, qui couraient la poste, pouvaient aussi se féliciter d'éviter les auberges de village, dans lesquelles leurs pères étaient forcés de descendre, lors de leurs voyages à petites journées. Les hôtelleries étaient devenues moins bonnes, à mesure que les voitures s'amélioraient. Guibert reproche à Turgot d'avoir achevé « de perdre les auberges de France, en multipliant les diligences et les moyens de voyager rapidement[2] ». On s'arrêtait moins en effet dans les petites localités, où jadis les plus grands seigneurs étaient forcés de séjourner. On s'y arrêtait pourtant encore, ne fut-ce que pour prendre ses repas. Le prix de la nourriture était souvent compris dans le prix du voyage; l'administration des messageries ou le voiturier s'en chargeaient. Marmontel ne tarit point

[1] *Tableau de Paris*, 1788, VIII, 193.
[2] *Voyages dans diverses parties de la France*, p. 182, 183.

sur la chère excellente que lui fit faire le muletier qui
conduisait sa litière. La plupart des étrangers font
l'éloge de la cuisine des hôtels. C'était en même temps
attester l'abondance des produits du sol et la recherche,
sinon la gourmandise, des habitants.

Il ne faut pas reprocher aux voyageurs de trop
parler des hôtels qu'ils ont fréquentés. Souvent ils
n'ont pas eu d'autres moyens de connaître et de faire
connaître l'intérieur des habitations et les usages des
habitants. L'hôtellerie n'est pas seulement un lieu de
rendez-vous, où se rencontrent des gens de différentes
classes venant de pays divers; un terrain neutre, qui
se prête à merveille à certaines scènes de mœurs, et
qui a séduit plus d'une fois les auteurs comiques[1];
on y trouve aussi le reflet, quelque peu affaibli, mais
à coup sûr sincère, des usages du pays. Tout y est
aménagé dans le goût des clients des environs, et non
dans celui des étrangers qui ne s'y arrêtent que par
exception. On ne connaissait pas alors ces hôtels cos-
mopolites, où l'influence du peuple qui voyage le plus
a fait prévaloir un confortable uniforme et banal.
Aussi, quand on vante les lits garnis de rideaux des
auberges françaises, nous en concluons qu'il y en
avait de semblables, sinon de meilleurs, chez les
bourgeois et les marchands qui étaient accoutumés
à y descendre. Il en était de même de la cuisine. Les
voyageurs à qui l'on sert dans les posadas espagnoles
des pois chiches et du chocolat peuvent se faire une

---

[1] Voir entre autres les *Carrosses d'Orléans*, comédie en un
acte, par Lachapelle, 1680.

idée de la frugalité des Espagnols, de même qu'on peut se rendre compte de l'alimentation des Anglais, en voyant apporter sur la table de leurs hôtels de solides roastbeefs saignants garnis de pommes de terre à l'eau. Depuis le XVIᵉ siècle, la plupart des voyageurs font l'éloge de la table et de l'appétit des Français, qu'ils n'ont pu souvent apprécier que dans les auberges.

Font-ils de même l'éloge de leur propreté? On ne peut, à coup sûr, exiger d'une auberge la tenue d'une habitation particulière ; mais on y verra facilement si l'on attache dans le pays une importance réelle à la propreté ou si l'on n'en fait aucune estime. Cette qualité n'est pas toujours inhérente à l'aisance ; mais elle indique une certaine disposition d'esprit, un caractère d'ordre et de soin continu, qui ne se rencontrait pas partout en France. Les hommes du nord étaient particulièrement offusqués par la saleté des hôtels, qui choquait moins les voyageurs du Midi. Les appréciations des voyageurs varient suivant les usages, les mœurs et les instincts de leur propre nation.

Elles doivent varier aussi suivant leur caractère. J'admets que les hôtelières du XVIᵉ siècle aient été plus accueillantes que celle du XVIIIᵉ. A en croire Érasme, les filles et les servantes des aubergistes de Lyon auraient rivalisé d'amabilité, de frais de conversation, de bonne humeur, pour plaire à leurs hôtes. Leur accueil était si avenant, leur cuisine si soignée, qu'on s'imaginait être au logis plutôt qu'en voyage[1]. Plus

---

[1] Érasme, *Colloques*. Fr. Michel et Éd. Fournier, *Hist. des hôtelleries*, etc., t. II, p. 106 et suivantes.

tard on se plaint assez généralement de l'indifférence
des maîtres d'hôtel et de l'aspect peu séduisant des
servantes. Il y avait peut-être moins de familiarité,
moins de bonhomie qu'autrefois. Cependant le russe
Karamsine vantera encore, en 1790, l'air aimable
des hôtelières françaises qu'Érasme avait exalté deux
cents ans auparavant. Il est possible que la manière
d'agir du voyageur ait déterminé celle de l'hôtelière.
Celle-ci devait être peu disposée à sourire, lorsqu'un
Anglais grincheux, comme Smollett, lui commandait
d'un ton rogue un dîner à part et à prix réduit ; elle
se laissait aller plus volontiers à sa politesse naturelle,
en voyant un jeune russe, comme Karamsine, heureux
de vivre, heureux de voyager et prêt à se contenter de
ce qu'on voudrait bien lui offrir.

III

Si l'hôtellerie prête à l'observation, si elle permet
d'établir des comparaisons et d'apprécier avec une
certaine justesse les habitudes et les usages, il ne faut
pas non plus lui attribuer une importance exagérée.
C'est un lieu de repos ; ce n'est pas le but du voyage.
Les monuments des villes, les beautés de la nature en
sont les principaux attraits. Ce sont les spectacles pour
lesquels le véritable voyageur surmontera tous les
obstacles, franchira toutes les distances. Heureux si,
devant ces décors variés et quelquefois saisissants, il

peut voir les hommes, pénétrer leurs mœurs et connaître leurs usages !

Jusqu'au milieu du siècle dernier, on ne s'est guère
occupé que des villes. Les magnificences de la nature
ne parlaient ni à l'âme ni à l'imagination. On goûtait
un agréable plaisir à voir les bords riants de certains
fleuves ; on ne comprenait pas l'aspect sublime des
montagnes. On aimait la campagne ; les poètes la
chantaient ; mais les voyageurs se plaisaient à décrire
les villes. Ils ne les admiraient pas sans conteste. Les
plus beaux monuments de la plupart d'entre elles
appartenaient à l'art du moyen âge, que, depuis la
Renaissance, on s'était pris à dédaigner. Il fallait bien
reconnaître la grandeur étonnante de certaines cathé-
drales, que la foi plus raisonnée, mais moins enthousiaste, eût été désormais incapable d'élever ; mais ceux
qui se piquaient d'avoir du goût déploraient le style
gothique de ces prodigieuses constructions. Ces gens
de goût n'avaient pas le sentiment du pittoresque.
Il y avait dans toutes les villes, encore au XVIIIe siècle,
des quartiers du moyen âge, aux rues étroites, sombres,
tortueuses ; ils n'en voyaient que le côté triste et trop
souvent répugnant ; ils n'en saisissaient pas les effets
artistiques ; ils réservaient leurs éloges pour les quartiers neufs, les maisons alignées, les façades uniformes
que l'influence des intendants fit élever dans tant de
villes, aux deux derniers siècles[1].

Combien de cités apparaissaient de loin, aux yeux du

---

[1] Voir *la Ville sous l'ancien régime*, livre VI, chapitre I.

voyageur, sous un jour séduisant, comme la petite ville qui semblait à La Bruyère, avec ses tours et ses clochers, « peinte sur le penchant de la colline! » Combien d'entre elles ne présentaient à l'intérieur que des rues noires, sales et tortueuses! Telle fut, par exemple, l'impression que produisit Brives-la-Gaillarde sur l'esprit d'Arthur Young. Mais dans les villes un peu importantes, l'aspect pittoresque de l'extérieur, auquel des tours et des clochers nombreux prêtaient tant de relief, pouvaient correspondre à l'aspect riche ou du moins prospère de l'intérieur. Avec les promenades dont elles s'entourent, à partir du xviie siècle, avec leurs nouvelles places, leurs nouvelles rues, leurs monuments civils et religieux, elles frappent et séduisent l'étranger. Il y trouve souvent une vie facile, une société accueillante et polie. On peut citer parmi ces villes Dijon, Orléans, Tours, Bordeaux, Aix, Montpellier, Lyon, Marseille, qui pour la plupart charment et retiennent de nombreux touristes. Les grandes cités provinciales sont de petites capitales, où les étrangers viennent s'initier aux manières et au langage français. En 1730, seize familles anglaises se sont installées à Dijon[1]. Je ne parle pas de Paris, la ville par excellence ; Paris, dont un Allemand dira sous Louis XIII : « Avoir vu les villes d'Italie, d'Allemagne et des autres royaumes, ce n'est rien ; ce qui frappe surtout, c'est quand un homme annonce qu'il a été à Paris ; » Paris, dont un Anglais dira

---

[1] Desnoiresterres, *Épicuriens et lettrés au* xviiie *siècle,* p. 360.

sous Louis XVI : « Jamais homme n'est parti de Paris
gai ; ou il y a perdu sa santé et son argent, ou il y a
laissé des attachements qui peuvent difficilement se
remplacer dans les autres pays[1]. » Paris est hors
ligne. C'est à Paris et à Versailles, son royal faubourg,
que se fait l'histoire de France, à partir de Louis XIII.
Paris rayonne sur la France et l'absorbe. Tous les
mémoires, toutes les relations parlent de Paris. Ses
monuments, ses salons, ses usages ont été décrits
mille fois ; ils sont si connus, qu'il semble inutile de
décrire de nouveau et de reproduire les appréciations
des voyageurs qui en ont fait uniquement le sujet de
leurs relations[2].

IV

Ce qui est moins connu, ce qui a été présenté
sous des couleurs fausses, c'est l'état des provinces,
c'est l'état des campagnes. Un critique autorisé de la
Revue des Deux Mondes, dans un article où il voulait
bien parler de nos travaux[3], relevait, pour en démon-

[1] Sherlock, *Lettres d'un voyageur anglais*, 2e éd., 1780,
p. 129.
[2] Citons parmi ces voyageurs : *Journal d'un voyage à Paris
en 1657-1658*, publiés par A.-P. Faugère, 1862, in-8° ; Mariana,
Lettres d'un Sicilien sur Paris, réimprimées récemment par
les soins de M. l'abbé Dufour dans la *Collection des anciennes
descriptions de Paris*; *Voyage de Lister à Paris en
MDCXLVIII*, publié par la Société des bibliophiles français,
1873, in-8° ; etc.
[3] Ferdinand Brunetière, *le Paysan sous l'ancien régime*.
(*Rev. des Deux Mondes*, du 1er avril 1883.)

trer l'inexactitude, ce passage de Michelet : « Lisez les voyageurs des deux derniers siècles, vous les voyez stupéfaits, en traversant les campagnes, de leur misérable apparence, de la tristesse, du désert, de l'horreur de pauvreté, des sombres chaumières nues et vides, du maigre peuple en haillons. Ils apprennent là ce que l'homme peut endurer sans mourir. » Est-ce vrai, et tous les voyageurs ont-ils été stupéfaits de cet aspect navrant? Sans doute, il y avait, dans certaines provinces et à certaines époques, des friches, des jachères, des chaumières misérables, des paysans déguenillés; il y en avait plus qu'aujourd'hui, où il y en a encore; il y avait des apparences de pauvreté qui ne répondaient pas toujours à la réalité; il y avait des maux réels qui dérivaient d'un système d'impôts défectueux et quelquefois inique. Mais à côté de ces aspects sombres du tableau, combien d'aspects brillants et consolants, que les voyageurs ont signalés, qu'un écrivain nerveux et passionné comme Michelet n'a pas su ou n'a pas voulu voir ! Est-ce que les vallées de la Loire, de la Saône, de la Seine et de la Garonne ne présentaient pas de toutes parts le spectacle de la fertilité? Est-ce que la Flandre et l'Alsace étaient mal cultivées? Est-ce que la Touraine, la Limagne, l'Agénois, les environs de Béziers n'étaient pas des contrées plantureuses, où abondaient toutes les productions utiles à la vie? Qu'on lise les divers témoignages des voyageurs, au lieu de prendre seulement ceux qui sont nécessaires à l'appui d'une thèse déterminée, et l'on verra que, si le mal est souvent signalé, le bien l'est encore davantage et qu'il l'emporte fréquemment sur le mal.

Nous assistons depuis longtemps à un véritable travestissement de l'histoire de France, qu'il nous semble patriotique de signaler. Le passé de notre pays est une sorte de patrimoine commun, qu'il ne faut pas laisser déprécier par des accusations de parti pris. Que de fois, en s'appuyant sur des citations isolées ou des renseignements incomplets, on a dépeint la condition des hommes d'autrefois sous les couleurs les plus sombres ! Que de fois, par exemple, on a répété, avec un aplomb qui surprendrait si l'on ne savait avec quelle facilité les assertions erronées se reproduisent et se propagent : « Le tiers état payait seul les impôts avant 1789 ; la noblesse et le clergé en étaient exempts ! » Comme si, en même temps que le tiers état, la noblesse ne payait pas la capitation qui était un impôt progressif, et les vingtièmes, qui étaient souvent doublés ou triplés ; comme si elle n'était pas assujettie aux droits d'insinuation et aux nombreuses impositions indirectes ; comme si le clergé ne faisait pas des dons qualifiés de gratuits, qui étaient à peu près l'équivalent de l'impôt foncier, et pour le paiement desquels il s'était endetté[1]. Sans doute ni le clergé ni la noblesse ne payaient la taille, qui était

---

[1] Les revenus de l'État, en 1786, sont évalués à 518 500 000 livres, sur lesquelles la taille figure pour 91 000 000. Les vingtièmes atteignent 82 500 000 livres ; la capitation, 41 500 000 livres. Le don du clergé est évalué à 3 400 000 livres ; on lui fit parfois payer le dixième denier à raison de 9 000 000 par an.

l'impôt le plus lourd et le plus vexatoire, parce que c'était un impôt sur le revenu ; il y avait sous ce rapport, en leur faveur, une exemption choquante que rien ne pouvait justifier au xviiie siècle ; mais s'ils possédaient ce privilège regrettable, faut-il donc en conclure qu'ils les avaient tous, et qu'ils laissaient au tiers état seul le poids de toutes les contributions ? Les voyageurs du siècle dernier savaient bien le contraire, et Smollett, tout hostile qu'il est à la France, reconnaît que, si le peuple est misérable, ce n'est pas parce qu'il est seul chargé d'acquitter les impôts.

On parle aussi souvent de la richesse de la noblesse et de la misère du tiers état. Il y avait certes d'immenses fortunes dans la noblesse, mais c'était l'exception ; il y en avait aussi de grandes dans la bourgeoisie. Les fermiers généraux, les négociants des grandes villes n'appartenaient-ils pas à la bourgeoisie ? Les magistrats des cours supérieures n'étaient-ils pas de souche roturière ? Les nombreux anoblis, qui figuraient parmi les nobles, ne sortaient-ils pas de ce tiers état, qui restait dans une humilité relative surtout parce que ses membres les plus éminents le quittaient aussitôt qu'ils en avaient la possibilité, pour acquérir des charges ou des terres qui leur conféraient des honneurs ? Les voyageurs, qui sont en relations avec les bourgeois, attestent souvent leur aisance ; mais comme ils appartiennent eux-mêmes aux classes moyennes ou supérieures, ce sont celles-là surtout qu'ils fréquentent et qu'ils dépeignent ; ils n'aperçoivent que de loin, à travers les portières de

leur carrosse ou dans la rue, les membres des classes
inférieures. Ils en tracent l'esquisse rapide, en passant, comme ils les voient; cependant au xviiie siècle,
quelques voyageurs, surtout parmi les étrangers, se
sont donné la peine de causer avec eux, de chercher
à connaître leur condition, d'essayer de la retracer;
les témoignages qu'ils nous apportent sur ce sujet sont
d'autant plus précieux qu'ils sont plus rares.

V

S'il n'est pas toujours donné aux voyageurs d'apprécier l'état réel de la richesse et de la misère, qu'on ne
saurait juger sur l'apparence, sont-ils plus à même
d'observer les usages et le caractère des peuples qu'ils
visitent? La connaissance du caractère est nécessaire
pour bien juger de leur condition. En voyant le luxe
des habits et des équipages, on peut se demander s'il
est en rapport avec la richesse, ou s'il n'est pas l'effet
de la vanité et de la mode; en voyant la misérable
apparence des gens de la campagne, on peut aussi
rechercher si l'avarice, l'absence d'amour-propre et
le souci d'échapper aux taxes arbitraires n'y ont point
contribué. Mais il n'est pas toujours facile de discer-
ner le véritable caractère d'un peuple. Plus d'un
voyageur est disposé à écrire, comme l'Allemand dont
parle Voltaire, que toutes les femmes d'une ville sont
rousses et acariâtres, parce qu'il a rencontré une
femme qui réunissait ces défauts. Il n'en est pas

moins vrai que les étrangers sont plus aptes que les nationaux à saisir les traits saillants du caractère, et que leurs récits nous permettent de connaître quelques-uns des usages de nos pères, qui diffèrent autant des nôtres qu'ils différaient de ceux des Anglais et des Allemands de leur temps.

Il est également utile de connaître leur opinion sur le gouvernement de la France. Les Anglais le jugent souvent avec une sévérité qui tient au sentiment qu'ils avaient de leur liberté politique. Et cependant, ils reconnaissent qu'il est approprié au caractère de la nation, et qu'après le leur, c'est le gouvernement le plus doux de l'Europe. L'accord qui existait entre le caractère des Français et le gouvernement monarchique, dont l'essence même, selon Montesquieu, était l'honneur, a sans nul doute contribué à donner pendant longtemps à notre nation la prépondérance dans le monde.

Le caractère des Français, les voyageurs l'ont souvent fait ressortir sous des couleurs favorables. Le duc de Rohan, qui avait pu, dans ses voyages, comparer entre eux les peuples de l'Europe, disait, au commencement du XVIIe siècle, que « la nation française était tenue fort courageuse, fort clémente, fort courtoise en paix et en guerre, fort civile et fort spirituelle, vertus qui sont combattues de grande légèreté, inscontance, insolence, vanité et outrecuidance ». Ce sont à peu près les qualités et les défauts que lui reconnaissent les voyageurs étrangers. Ici encore, les appréciations différeront, selon la nature,

les dispositions plus ou moins bienveillantes de l'observateur. Les uns mettront surtout les défauts en relief;
ils les exagéreront; ils étendront à tous les habitants
les défauts et les vices qui appartiennent seulement à
quelques-uns. Tantôt ils signaleront l'orgueil, la
gourmandise, l'improbité des Français; tantôt ils les
représenteront comme vaniteux, joueurs, colères, blasphémateurs; Smollett réunira sur eux toutes les épithètes désagréables; il les traitera de fainéants, de
gourmands, d'avares, de fous, d'ignorants, de présomptueux, de fats, d'impertinents; il finira par les
comparer à des singes. Alfieri ira plus loin; il verra
chez eux un mélange du singe et du perroquet. Mais,
pour quelques jugements d'une malveillance manifeste, combien d'appréciations favorables! Combien de
voyageurs se laisseront charmer par les qualités
sérieuses et aimables du peuple de France! Comme
ils vanteront son courage, son amour du travail, son
élégance, sa vivacité, son esprit, sa gaieté, sa bonne
et belle humeur! Les moins susceptibles d'enthousiasme, comme Arthur Young, verront « bien des
raisons pour l'estimer ». — C'est une nation éminemment sociable, écrira-t-il. — C'est celle, dira Franklin,
avec laquelle il est le plus agréable de vivre. Il ne
manque aux Français rien de ce qui appartient à
l'homme aimable et au galant homme. — Oui, c'est
l'amabilité, dira Sherlock, qui caractérise les Français. — Cette politesse, cette urbanité a passé dans
tous les rangs, observera Moore. — Sterne la retrouvera jusque chez les mendiants. — Elle est supé

rieure à celle des anciens Athéniens, fera remarquer l'Allemand Storch. — L'Italien Gemelli Carreri louera, comme d'autres, la civilité que les Français témoignent aux étrangers. — Je ne connais pas de nation plus ardente et plus éventée, dira le Russe Karamsine : j'ajoute et plus aimable. — C'est un concert universel, qui vient de tous les côtés de l'horizon et qui s'accorde pour dire que la France est de tous les pays le plus digne d'être aimé.

Elle avait dû cependant se faire pardonner sa supériorité, qui n'avait jamais été plus grande que dans la seconde moitié du XVIIe siècle et la première moitié du siècle suivant. Si elle avait inspiré le respect et l'admiration, elle avait pu faire aussi naître l'envie. On lui reprochait son orgueil, sa vanité même ; mais ni l'un ni l'autre n'avaient rien de pesant ni de blessant. On souriait de quelques-uns de ses ridicules ; mais ces ridicules ne portaient pas atteinte à l'ascendant, à la séduction qu'elle exerçait. Pendant le siècle, où elle avait possédé la suprématie en Europe, elle n'avait pas eu la prétention d'imposer ses doctrines ; elle n'avait voulu contraindre personne à suivre ses principes ; elle donnait le spectacle de la plus majestueuse des cours ; elle répandait les chefs-d'œuvre de la plus noble des littératures ; elle était le modèle le plus attrayant de l'art de bien dire et de se parer avec grâce. Toutes les cours de l'Europe se modelaient sur celle de Versailles ; tous les salons sur ceux de Paris. Toutes les aristocraties des capitales se faisaient un honneur de parler le français. Cette ancienne

France, si loin de nous sous tant de rapports,
exerçait un charme irrésistible sur le monde. Les
étrangers ont beau s'en défendre, la plupart finissent
par céder à son ascendant, d'autant plus que cet
ascendant s'impose avec une urbanité qui en dissimule
la supériorité ; ils sont forcés de s'incliner devant
cette souveraineté de l'esprit qui fait pardonner celle
de la force ; ils se laissent aller à l'attrait qu'inspirent
la grandeur du royaume, la richesse de ses villes,
l'aspect riant de ses campagnes, le caractère de ses
habitants. Les récits de la plupart d'entre eux nous
montrent combien la France de nos pères était aimée,
combien elle était considérée. Puissent-ils, sans nous
faire oublier ses défauts, nous inspirer pour elle les
mêmes sentiments d'attachement et de respect !

I

LES ITALIENS EN FRANCE AU XVIᵉ SIÈCLE. — LE TASSE (1571). — JÉROME LIPPOMANO (1577).

L'art et la politique ont pris de nouvelles formes au XVIᵉ siècle : dans cette renaissance qui se produisait, l'Italie a joué le principal rôle. La France est allée chercher chez elle des modèles ; l'Italie lui envoya quelques-uns de ses peintres, de ses sculpteurs, de ses littérateurs. Ils y furent accueillis dans une cour artistique et superbe, où domina pendant longtemps une reine italienne. Plusieurs de ses diplomates et de ses écrivains rédigèrent leurs impressions sur la France ; parmi les plus curieuses, nous ferons connaître rapidement celles de deux personnages d'une notoriété différente. Le premier, par ordre de date et de mérite, c'est le Tasse ; le second, c'est l'ambassadeur vénitien Jérôme Lippomano.

I

Le Tasse est venu en France, à la veille de la Saint-Barthélemy, à la suite du cardinal Louis d'Este, envoyé du pape Pie V auprès de Charles IX. Il n'a pas laissé de relation méthodique de son voyage ; mais il a consigné ses principales observations dans une lettre adressée au comte Hercule de Contrari, et dans laquelle il compare l'Italie à la France[1]. Du moment où l'on met en parallèle une nation étrangère avec sa patrie, il faut s'attendre à ce que la balance penche en faveur de celle-ci. Un grand poète, comme le Tasse, devait être assez soucieux de sa popularité pour ne pas froisser l'amour-propre national de ses lecteurs ordinaires. C'est peut-être à cette raison, plus encore qu'à la disgrâce que lui fit subir en France le cardinal d'Este et au dénûment qui en fut la conséquence, qu'il faut attribuer la sévérité, et même l'injustice, de quelques-uns de ses jugements.

Comparer n'est pas toujours facile. Le Tasse l'éprouve lui-même, lorsqu'il s'agit de Paris. Il ne peut l'égaler à Rome, que les souvenirs antiques et le siège de la papauté rendent si majestueuse, ni à Naples, dont la situation est sans rivale ; Milan lui est trop inférieur ; en désespoir de cause, il en est réduit à lui opposer Venise, sur laquelle Paris l'emporte par sa grandeur, sa population, la richesse de ses marchandises, mais qui possède en revanche des édifices superbes, un aspect surprenant et des vaisseaux, que n'a jamais eus Paris. Il est plus aisé d'établir que, dans toutes les villes de France, les maisons particulières sont inférieures à celles de l'Italie. Elles sont d'ordinaire construites en bois, sans architecture ; leur aménagement commode, si vanté, ne se révèle ni dans leurs escaliers en limaçon, qui font tourner la tête avec leurs révolutions très

---

[1] *Lettera nella quale si paragona l'Italia à la Francia,* 1581.

étroites, ni dans leurs chambres obscures et tristes,
qui ne forment pas des suites d'appartements sur le
même étage, comme en Italie. Les églises, il est vrai,
sont innombrables dans les villes et les campagnes; il
faut reconnaître leur quantité, leur grandeur et leur
magnificence, « indice certain de l'antique piété de la
nation; » mais on admire plutôt leur richesse et leur
somptuosité que leur architecture; aux yeux du grand
poëte, qui, comme ses contemporains de la renaissance, dédaigne ou ne comprend pas le style gothique,
cette architecture est barbare. Les œuvres de sculpture
et de peinture sont grossières et disproportionnées[1], à
l'exception des vitraux peints, dont la beauté et la
vivacité des couleurs, le dessin et l'art des figures
sont dignes d'éloge et d'admiration. « Sous ce rapport,
les Français surpassent les Italiens, qui emploient
l'art de la verrerie, surtout pour satisfaire le luxe et le
plaisir des buveurs au lieu de lui donner pour but
l'ornement des églises et du culte divin. » Le Tasse
admire aussi les clochers, couverts d'une sorte de
pierre. qui imite le plomb et coûte beaucoup moins.

Quant à l'aspect du pays, il reconnaît l'agrément
des grandes vallées arrosées par de beaux fleuves; mais
il a vu partout de vastes plaines monotones, sans
ombrage et sans relief. On lui a dit merveilles de la
Lorraine et de la Provence. Peuvent-elles entrer en
comparaison avec la Rivière de Gênes, avec les rivages
de cette mer de Naples où les poëtes ont placé, non
sans raison, le séjour des sirènes? Le Tasse croit à
l'influence des climats et de la nature du sol sur le
caractère des nations. Les grandes plaines de la France

---

[1] Nous protestons surtout pour la sculpture.

sont battues par les vents, à tel point qu'on voit s'y dresser, surtout en Franche-Comté et en Champagne, de nombreux moulins à vent. « L'inconstance du climat, dira-t-il, est en bonne partie cause de l'inconstance de la nation. » Il affirme aussi que les peuples des plaines sont doux et pacifiques, et ceux des montagnes robustes et belliqueux. Aussi en France, où le sol n'est que très légèrement ondulé, le peuple, selon lui, serait très lâche[1]. Les nobles, il veut bien le reconnaître, sont impétueux et courageux au combat; cela tient à leur éducation, et en outre à ce que les plaines sont favorables pour exercer et dresser leurs chevaux à la guerre.

Ces nobles, le poète italien les juge assez défavorablement. Leur taille n'est pas supérieure à celle de ses compatriotes, quoiqu'on ait prétendu le contraire; ils sont moins bien proportionnés, leurs jambes sont grêles, par suite de l'habitude qu'ils ont de monter à cheval. Comme ils vivent pour la plupart à la campagne avec des serviteurs et des paysans, ils deviennent facilement impérieux et insolents; ils ne veulent pas reconnaître l'autorité des magistrats. Le roturier des villes, de son côté, ne frayant pas avec les nobles, se confine dans la bassesse d'âme et d'habitudes qu'il tire de sa naissance. La seule supériorité personnelle que le Tasse veut bien accorder aux Français sur ses compatriotes, c'est la beauté de leur teint.

Il leur concède cependant la supériorité du nombre des bestiaux, de la fertilité et de l'abondance. Il donne

---

[1] L'ambassadeur vénitien Jean Correro dit, en 1569, que le peuple qui avait toujours été regardé comme lâche et sans valeur avait acquis du cœur et du courage depuis les guerres de religion.

à ce sujet des détails qui surprennent de la part d'un poète épique. La viande de bœuf et de mouton, qu'on mange en France, est parfaite. Le territoire est plus riche en grains que celui de l'Italie ; ce n'est pas que ses campagnes soient plus fécondes que les plaines et les marais de sa patrie ; c'est plutôt parce que toutes les terres y sont cultivées et fertiles, tandis qu'en Italie il y a beaucoup de terres montagneuses et stériles. Quant aux vins, ils sont plus généreux, plus mûrs et plus faciles à digérer que ceux de l'Italie ; mais le poète confesse l'imperfection de son goût et préfère ces derniers. Ce qu'il aime dans le vin, dira-t-il, c'est un je ne sais quoi qui flatte ou morde la langue ou fasse ces deux effets simultanément. Mais où l'Italie l'emporte certainement, c'est pour ses fruits et ses légumes, et le Tasse plaint la France de ne pas récolter l'olive[1], aussi utile pour la nourriture que pour les veilles des savants.

On était alors au siècle de Gargantua, et l'on comprend la place que tenait la nourriture en France. C'était un art que de l'apprêter. Ce qui paraît avoir le plus excité l'admiration du poète, c'est une cuisine, et, qui plus est, une cuisine d'hôpital ! En passant à Bayonne, il visita l'hôpital. Toutes les salles lui parurent dignes d'éloges ; mais la cuisine lui sembla merveilleuse. Elle était aussi propre qu'une chambre de nouvelle mariée ; les ustensiles nécessaires à la préparation et au service de la nourriture étaient rangés avec tant de goût, d'ordre et de symétrie, le fer poli y resplendissait de telle sorte aux rayons du soleil qui venaient le frapper en traversant les fenêtres garnies

---

[1] Le Tasse oublie la Provence.

du verre le plus transparent, que le Tasse croit pouvoir comparer cette cuisine aux arsenaux de Venise et des princes qu'on montrait avec orgueil aux étrangers[1]. Il y a peut-être quelque ironie dans l'expression de cet enthousiasme; mais on peut voir dans les récits des ambassadeurs vénitiens, et notamment de Jérôme Lippomano, l'importance qu'on attachait alors à l'alimentation, dans cette plantureuse terre de France.

II

Ces ambassadeurs vénitiens, dont les relations ont été publiées, étaient d'intelligents et de fins observateurs; ils étaient chargés de renseigner aussi exactement que possible la seigneurerie de Venise sur les pays où ils étaient envoyés en mission, et leurs rapports présentent un tableau précieux et sincère de l'état de la France au xvie siècle. Dans la plupart d'entre eux, on pourrait relever des traits curieux et frappants; quelques-uns sont spécialement consacrés aux négociations que les ambassadeurs devaient suivre; d'autres, comme ceux d'André Navagero et du secrétaire de Lippomano, sont surtout des récits de voyage[2].

Lippomano, dont nous nous occuperons spécialement, ne compare pas les villes italiennes aux villes de France. Il se contente de remarquer que les maisons

---

[1] Les détails sur la cuisine de Bayonne sont tirés d'un dialogue du Tasse : *Il padre di famiglia.*

[2] *Relation des ambassadeurs vénitiens sur les affaires de France au* xvie *siècle,* recueillies et traduites par N. Tommaseo, 1838, II, 269 à 647.

de ces dernières sont construites d'ordinaire en bois et en mortier et qu'elles sont plus commodes que grandes. « Les marchands enrichis, dit-il, aiment mieux amasser que construire. » Et ces marchands enrichis sont nombreux. S'il faut en croire les Vénitiens Michel Suriano et Jean Correro, tout l'argent se trouvait entre les mains des bourgeois ; le clergé était ruiné et la noblesse aux abois. Aussi n'est-il pas surprenant que l'aspect général des villes fût prospère. Lippomano multiplie à leur égard les épithètes élogieuses. Il fait la description la plus piquante et la plus détaillée de Paris, où les étrangers affluent de toutes parts, et où l'on a un tel goût du plaisir qu'on y compte dix-huit cents jeux de paume. Il loue particulièrement la beauté de Chalon-sur-Saône, de Dijon, de Tours et d'Orléans. « Troyes est si belle et si propre que, de l'opinion de beaucoup, elle est regardée comme la plus belle ville de France. » Les rues de Sens sont droites et longues, ornées de superbes édifices. Quant à Poitiers, où l'ambassadeur séjourna pendant trois mois à la suite de la cour, il remarque qu'elle est habitée par des bourgeois plutôt que par des marchands.

Les traces des guerres de religion attristaient trop souvent la vue dans ces belles et riches cités. La cathédrale d'Orléans avait été dévastée par les huguenots ; ils avaient mis en ruines les églises de Chartres, et, dans la cathédrale de Poitiers, ils avaient brisé toutes les statues et fondu les tuyaux de l'orgue pour en faire des balles.

Mais ces violences n'avaient point porté préjudice à la prospérité réelle de la France. Si quelques provinces étaient privilégiées, comme la Touraine, où la richesse se joignait à l'agrément du paysage, où les vins et les fruits passaient pour les meilleurs de France, la plupart des campagnes, comme celles du Sénonais, présentaient l'aspect de la fertilité et de l'aisance. Les productions de la terre, disait quelques années auparavant Suriano, sont si abondantes qu'on en transporte en Espagne, en Portugal, en Flandre, en Angleterre, en Écosse, en Danemark et dans d'autres pays plus éloignés. Les marchés des grandes villes, selon Lippomano, regorgeaient de provisions, et le tiers de la population paraissait être composé de taverniers, de pâtissiers, d'hôteliers, de rôtisseurs, de bouchers, de fruitiers, de revendeurs. « On aime la pâtisserie, dit le Vénitien, c'est-à-dire la viande cuite dans la pâte ; on trouve des pâtisseries, même dans les villages. Un chapon, une perdrix, un lièvre coûtent moins cher, tout prêts, lardés et rôtis, en les achetant chez le rôtisseur qu'en les achetant tout vifs au marché. C'est que ces rôtisseurs les achètent en gros. » Les Italiens, qui sont naturellement sobres, sont étonnés du grand appétit des Français. Ceux-ci se ruinent l'estomac en mangeant trop. Dans toutes les classes, on retrouve cet appétit formidable, uni à toutes les recherches de la gourmandise. « Tout ouvrier, tout marchand, tout chétif qu'il soit, veut manger les jours gras du mouton, du chevreuil, de la perdrix, aussi bien que les riches ; et les jours maigres, du saumon, de la morue, des harengs salés. »

Les femmes étaient beaucoup plus sobres que les hommes ; elles vivaient plus longtemps qu'eux pour cette raison. Les jeunes filles ne buvaient jamais de vin. Il était facile de les reconnaître dans la rue, où elles suivaient toujours leurs mères ; les servantes et les serviteurs venaient ensuite. Quelquefois elles se rendaient à l'église, accompagnées d'un valet ou d'une suivante. Les femmes mariées avaient une liberté et une autorité qu'elles n'auraient point eues en Italie. Les maris leur confiaient l'administration de leur maison et se laissaient même gouverner par elles. Lippomano est-il sûr qu'il n'en était pas de même parfois en Italie? Chose assez singulière! Le costume des femmes était à cette époque plus modeste et moins changeant que celui des hommes. Les mœurs étaient simples. Quand les dames ou les demoiselles allaient à la campagne, elles montaient à cheval, en croupe derrière un serviteur, se tenant toujours accrochées à la selle ou à la couverture. Presque toutes dévotes, elles passaient la journée du dimanche à l'église. Leurs manières étaient très gracieuses et leur seul défaut était l'avarice.

Les hommes avaient plus de défauts. Ils avaient une haute estime d'eux-mêmes et se croyaient la première nation du monde. Ils passaient pour ne pas tenir scrupuleusement leur parole dans les transactions commerciales. A Cravant, Lippomano rencontre une population incivile et sans probité, qui promet et se dégage suivant sa fantaisie, portant ainsi à l'excès les défauts du caractère français. L'ambassadeur vénitien témoigne cependant plus de sympathies aux Français que ne l'ont fait ses illustres compatriotes, Machiavel et le Tasse. Il admire volontiers les belles choses. Il exalte les admirables châteaux que les princes et les grands ont fait construire dans les campagnes. Chambord, avec ses créneaux dorés, ses ailes couvertes de plomb, ses terrasses et ses pavillons, lui semble dépasser tout ce qu'il a vu ; il ne peut le comparer qu'aux séjours de Morgane et d'Alcine, tels que les décrivent les romanciers. Il en revient émerveillé et stupéfié.

La multiplicité les détails, que contient la relation de
Lippomano, est telle qu'il nous est impossible de les faire
tous connaître. Les observations sagaces et piquantes
abondent sur les usages, sur le costume, sur les institutions, sur les villes, sur la cour. Il y est peu question de l'industrie. Lippomano signale cependant les
belles étoffes que l'on fabrique à Tours, et les couteaux
de Châtellerault, dont les manches, travaillés d'une
manière très fine, sont parfois garnis de pierres précieuses, de miniatures ou d'ornements de grand prix.
Il fait en général l'éloge des hôtelleries des grandes
villes, tout en remarquant qu'à Mâcon, les prix en
sont « salés ». Il rencontre même de bonnes auberges
dans des villages situés entre Auxerre et Sens. « Sur
une route, qui n'était fréquentée que par des gens de
petite condition, il ne se passait pas de nuit, remarque
le secrétaire de Lippomano, que les gentilshommes ne
couchassent dans des lits séparés. » On était parfois
exposé, à cette époque, à partager le lit d'un autre
voyageur.

Ces bons gîtes étaient d'autant plus agréables que
les voyages étaient plus pénibles. Les routes devenaient
par les temps de pluie de véritables fondrières. La
boue était parfois épaisse, et l'on n'en pouvait sortir.
La route de Paris à Orléans seule était pavée. Dans le
Poitou, Lippomano rencontre des chemins si boueux
qu'il ne réussit pas à faire plus de quatre lieues en un
jour. Aux époques de guerres civiles, ce sont de nouveaux obstacles, de nouvelles péripéties. Il faut des
passeports ; il faut des escortes. Il faut compter avec la
défiance des autorités. Le secrétaire de Lippomano
vient demander un passeport au maire de Dijon. Un
étrange dialogue s'engage entre eux. Le maire se croit

en présence d'un imposteur ; il s'est imaginé que
l'année précédente tous les habitants de Venise sont
morts de la peste. — Il y est mort quarante à
cinquante mille personnes, tout au plus, répond
le secrétaire. — Alors il reste bien peu de monde,
dit le maire. — Et le secrétaire de s'écrier avec une
emphase toute méridionale : — Des milliers de morts
font moins à Venise que des dizaines à Dijon. — Le
maire, un peu déconcerté, finit par accorder le passeport.

Mais un passeport ne suffisait pas ; il fallait une
escorte. Des bandes armées couraient la campagne, et,
aux environs de Châtillon-sur-Saône particulièrement,
on signalait une troupe de voleurs de grands chemins.
C'étaient, disait-on, des gentilshommes pauvres, qui
attaquaient les voyageurs et se retiraient ensuite dans
leur gentilhommière. Avec une escorte de douze cavaliers et de vingt-quatre arquebusiers, les Vénitiens
crurent qu'ils pouvaient s'aventurer ; mais, à chaque
instant, ils avaient des alertes ; dans chaque village, on
leur disait : Les bandes de pillards sont par ici ; on les
a vues de loin. Aux endroits dangereux, on serrait les
rangs, on mettait l'épée à la main, on allumait les mèches
des arquebuses. Entre Bar-sur-Seine et Troyes, on aperçoit un nuage de poussière et une troupe qui s'avance.
C'en est fait ; on est sur le point d'en venir aux mains ;
mais on reconnaît, en approchant, que c'est une escorte,
demandée à Troyes, qui vient relever celle de Bar-sur-
Seine. L'affolement a gagné les populations. Les Vénitiens sont eux-mêmes pris pour des voleurs, et quand
il s'agit d'entrer dans certains villages, qui depuis peu
de temps sont entourés de murs, on lève le pont-levis
devant eux, et les murailles se garnissent d'hommes

armés d'arquebuses. Ce qu'il y eut de plus piquant dans cette odyssée, c'est que les Vénitiens ne furent pillés que par leur escorte, qui se fit payer chèrement à Nogent-sur-Seine les services qu'elle ne leur avait pas rendus.

II

UN MAGISTRAT ÉRUDIT DANT LE MIDI DE LA FRANCE.
— JACQUES-AUGUSTE DE THOU (1572-1589).

Malgré la difficulté des communications, il n'y avait pas que les ambassadeurs qui voyageassent au XVIe siècle. Les plus grands personnages se déplaçaient avec une singulière facilité. Les rois eux-mêmes s'en allaient de ville en ville, avec une suite qui atteignait jusqu'à huit mille personnes. Les magistrats, les officiers de finances faisaient de longues tournées, qui portaient le nom de chevauchées, parce qu'elles se faisaient à cheval ; les maîtres des requêtes préludaient par des missions spéciales aux fonctions permanentes que devaient remplir plus tard les intendants des généralités ; les conseillers au parlement de Paris allaient jusque dans les provinces reculées présider aux assemblées de rédaction des coutumes ou tenir les grands jours. Ils pouvaient être aussi délégués pour remplacer des conseillers de province suspects de partialité. C'est ce qui arriva en 1581, lorsque Jacques-Auguste de Thou fut envoyé pour rendre la justice en Guienne, avec le président Séguier, onze autres conseillers, le procureur général Pierre Pithou et l'avocat général Loysel [1].

De Thou, qui avait alors vingt-huit ans, avait déjà beaucoup voyagé. Les voyages étaient considérés, par les jeunes gens d'honorable famille, comme le complément le meilleur de l'éducation. Les jeunes négociants allaient passer quelque temps chez les correspondants de leur père ; les fils de magistrats allaient poursuivre au loin leurs études de droit. De Thou, après avoir fréquenté l'université d'Orléans, resta pendant six mois à Bourges, où Doneau et Hotman enseignaient ; puis, il vint séjourner à Valence pour entendre les leçons de Cujas. Plus tard, il suivit en Italie l'ambassadeur Paul de Foix ; il ne pouvait faire route en compagnie plus savante. Paul de Foix trompait les longueurs du chemin en commentant les écrits de Cujas, en discutant sur la philosophie d'Aristote et de Platon avec le futur cardinal d'Ossat ; pendant ses repas mêmes, il se faisait lire les commentaires de Piccolomini sur la physique. Avec de tels compagnons, les dispositions d'Auguste de Thou pour la science et l'histoire ne pouvaient que se développer. Dans ses voyages en Italie et dans les Pays-Bas, il ne cessa de rechercher la connaissance des savants et des érudits. Il en fut de même dans son voyage en Guienne et en Gascogne. Il se félicita d'y rencontrer Du Faur, Pybrac et Montaigne, alors maire de Bordeaux. Il fut également en relations avec de hauts personnages. En passant près de Nérac, il eut l'ordre d'aller saluer le roi de Navarre, qui fut depuis Henri IV ; celui-ci lui fit voir ses jardins, qu'il

---

[1] *Mémoires de la vie de Jacques-Auguste de Thou, conseiller d'État et président à mortier au parlement de Paris,* 1713, in-12.

entretenait avec grand soin, et le promena dans de belles allées palissadées de lauriers.

De Thou profita de son séjour à Bordeaux pour parcourir le Midi. De compagnie avec Loysel et Pithou, il visita les landes de Gascogne et le Médoc. Au milieu des landes, couvertes de bruyères, où pullulaient les abeilles et les tortues, s'élevaient çà et là des villages très peuplés; les paysans y étaient plus riches que dans le reste de la France, tant leur industrie et leur travail avaient fertilisé le sol qu'ils cultivaient. De Thou et ses amis parcoururent aussi les bords de la mer. Près de Cap de Buch, ils firent dresser une table pour dîner sur le rivage; la mer était basse; on leur apportait des huîtres dans des paniers; ils choisissaient les meilleures et les avalaient sitôt qu'elles étaient ouvertes. Elles étaient d'un goût si agréable et si relevé qu'on croyait respirer la violette en les mangeant, et si saines qu'un laquais en avala plus d'un cent sans en être incommodé. Le grave historien de Thou a cru pouvoir, sans déroger, raconter ces détails, ainsi que le repas qu'il fit plus tard chez l'évêque de Mende.

Sur la table de cet évêque, toutes les pièces de volaille et de gibier que l'on servait étaient mutilées; à l'une il manquait la tête, à l'autre un pied, à l'autre une aile. L'évêque leur dit que c'était à ses pourvoyeurs ordinaires qu'il fallait s'en prendre, et comme on lui demandait quels étaient ses pourvoyeurs, il raconta que c'étaient les aigles, qui apportaient dans la montagne à leurs petits des provisions, que des bergers apostés venaient saisir. De Thou, émerveillé, voulut voir de près l'aire de ces aigles; il s'en approcha par un chemin très difficile, et vit un aigle, à l'envergure immense, apporter un faisan à un aiglon enchaîné par les soins des bergers cachés avec lui dans une loge voisine. L'évêque assura que trois ou quatre de ces aires suffisaient pour entretenir sa table splendidement pendant toute l'année.

Une autre fois, de Thou et ses amis allèrent du côté des Pyrénées. Au milieu d'une agréable campagne, où les vignes s'attachaient aux ormeaux et aux peupliers, ils traversèrent Tarbes, alors en décadence, et se rendirent aux bains de Bagnères-de-Bigorre. De Pau, où Henri de Navarre avait créé des jardins d'une royale magnificence, ils gagnèrent les bains de Béarn, aujourd'hui les Eaux-Bonnes; on est surpris de la quantité d'eau sulfureuse que de Thou y absorba; pendant sept jours, il en prit vingt-cinq verres à chaque fois; il en ressentit d'excellents résultats; il était encore modéré dans sa consommation, à côté d'un jeune Allemand qui en buvait tous les jours cinquante verres en une fois.

De Thou ne fut pas tenté, pendant son séjour aux bains de Béarn, d'imiter Candale, qui était monté sur le pic du Midi. Le récit de son ascension, qu'il a reproduit, montre combien on s'étonnait alors de phénomènes qui nous sont familiers. Il se contenta de gagner Oloron et Saint-Jean-Pied-de-Port, où il pénétra dans les pays basques. « Le langage de ces peuples, dit-il en parlant des Basques, est fort singulier, et les habits de leurs femmes ne le sont pas moins; elles en ont pour chaque âge et pour chaque état, pour le deuil, pour le mariage et pour les prières publiques. Leurs tailleurs ne sont que pour leur usage et pour celui de ceux du pays; si l'on voyait ailleurs des gens vêtus de leur manière, on croirait qu'ils se seraient ainsi déguisés exprès pour faire rire sur un théâtre ou

Le départ de l'auberge (XVIᵉ siècle), d'après Ivan Breugel.

pour aller en masque. » Il y avait dès cette époque en France une uniformité de costume, qui faisait trouver étranges les modes dissidentes.

Auguste de Thou donne peu de détails sur la condition des classes laborieuses. En passant dans une partie du Languedoc, il remarqua que tous les paysans étaient armés. Peut-être, était-ce un effet des guerres civiles? En 1589, les habitants de Merindol s'enfuirent, à son approche et à celle de son escorte, et se réfugièrent dans des cavernes. Ils n'en sortirent que sur la certitude qu'ils n'avaient rien à craindre des nouveaux arrivants. Cet usage de se cacher dans des souterrains se retrouve, à la même époque, dans d'autres parties de la France.

Les chemins étaient souvent mauvais, et l'on évitait de voyager la nuit. Au-Port-Sainte-Marie, les valets des magistrats s'enivrèrent, et l'on partit seulement vers le soir pour Agen. L'hôte, qui les attendait, alla au-devant d'eux avec des flambeaux. Il leur raconta qu'un maître des requêtes avait été surpris par la nuit, quelques années auparavant, en faisant le même trajet, et qu'il tomba dans un bourbier d'où ses valets eurent bien de la peine à le retirer. Ce maître des requêtes arriva de très mauvaise humeur à Agen, malmena les magistrats qui venaient le recevoir, et, le lendemain, en ouvrant l'audience, ordonna qu'à l'avenir on compterait six lieues du Port-Sainte-Marie à Agen, au lieu de deux qu'on comptait ordinairement.

III

COMMENT ON ALLAIT AUX EAUX SOUS HENRI III. — MONTAIGNE (1580-1581).

Nous avons vu, en suivant de Thou dans ses pérégrinations, combien les eaux des Pyrénées étaient déjà fréquentées de son temps. Montaigne nous apprend quelle était à la même époque la vogue des eaux de Plombières et de certaines eaux de Suisse et d'Italie.

Montaigne aimait à voyager, et le plus souvent voyageait pour son plaisir. « S'il fait laid à droite, dit-il dans ses *Essais*, je prends à gauche, si je me trouve mal propre à monter à cheval, je m'arreste... Ay-je laissé quelque chose derrière moy, j'y retourne ; c'est toujours mon chemin ; je ne trace aucune ligne certaine, ny droicte, ny courbe. » Ce voyageur philosophe et de bonne humeur ne nous a pas fait le récit, et c'est grand dommage, de ses voyages en zigzags et à l'aventure ; nous n'avons de détails que sur son voyage en Suisse et en Italie[1], où il séjourna méthodiquement dans les villes d'eaux et les grandes villes ; voyage de santé non moins que de plaisir, fait avec plusieurs compagnons et par conséquent en dehors des condi-

[1] *Journal d'un voyage de Michel de Montaigne en Italie par la Suisse et l'Allemagne, en 1580 et 1581,* avec des notes par M. de Querlon, 1775, 3 vol. in-12.

tions d'indépendance qui étaient dans les goûts dn moraliste.

Comme tous les gentilshommes de son temps, il voyageait à cheval. « Je me tiens à cheval, dit-il, sans démonter, tout coliqueux que je suis, et sans m'y ennuyer, huit à dix heures. » Il emmenait plusieurs chevaux et plusieurs domestiques, écuyers ou valets, dont l'un a écrit sous sa dictée le journal de son voyage. Son compagnon, le jeune d'Estissac, était suivi d'un gentilhomme, d'un valet de chambre, d'un mulet, d'un mulétier et de deux laquais à pied. Le tout formait une petite caravane, dont l'allure était calme, et qui faisait des étapes de cinq à sept lieues par jour.

C'est dans l'été de 1580 que nous trouvons Montaigne se dirigeant vers Plombières, par Épernay, Vitry, Domremy, Neufchâteau, Mirecourt et Épinal. Il ne se détourna pas pour voir Reims, et sa colique l'empêcha de réaliser le dessein qu'il avait de visiter Metz, Toul et Nancy. Il est à remarquer qu'il ne se soucie en aucune façon des édifices gothiques; la cathédrale de Châlons ne semble même pas exister pour lui. Ce qu'il trouve beau, c'est la grande place carrée et monotone de Vitry-le-François. S'il visite certains monastères, il est surtout frappé des singularités qui s'y rencontrent. A l'abbaye de Saint-Faron, dans un faubourg de Meaux, on lui montre le tombeau d'Ogier le Danois, dont on conserve un gigantesque ossement et une épée d'une dimension surprenante. Dans la même ville, il va visiter un vieux savant, qui lui fait les honneurs de sa « librairie » ou bibliothèque et des singularités de son jardin. Ce qu'il y admire le plus, c'est un gros buis taillé en boule. Parfois on se demande si le valet de chambre de Montaigne n'a pas été l'unique auteur de ces belles observations.

A **Châlons**, c'est l'hôtel qui le frappe. « **La Couronne**, beau logis. On y sert en vaisselle d'argent, et la pluspart des lits et des couvertes sont de soie. » A **Vitry**, il se laisse raconter des histoires d'almanachs sur des filles habillées ou changées en garçons. A **Bar-le-Duc**, il est vrai, Montaigne admire la chapelle et l'hôtel construits par un prêtre généreux, Gilles de Trèves. Il s'arrête à Domremy, « d'où estoit native cette fameuse pucelle d'Orléans. » « Le devant de la maison où elle naquit est toute peinte de ses gestes ; mais l'aage en a fort corrompu la peinture. Il y a aussi un abre, le long d'une vigne, qu'on appelle l'*abre de la Pucelle*, qui n'a nulle autre chose à remarquer. » A **Neufchâteau**, le mécanisme employé pour monter l'eau du puits des Cordeliers l'intéresse suffisamment pour qu'il le décrive. Il parle, plus loin, des religieuses de Poussay, qui ne font aucun vœu, se marient si elles veulent ou restent en communauté, si elles s'y plaisent. « Les filles en nourrice y sont reçues. Plus tard elles sont vestues en toute liberté, comme autres damoiselles, sauf un voisle blanc sur la teste... La pluspart y finissent leurs jours et ne veullent changer de condition. » Les chanoinesses de Remiremont, sauf qu'elles étaient habillées de noir, avaient les mêmes prérogatives ; leur logis était beau et bien meublé. Montaigne apprend que plusieurs villages voisins leur devaient, le jour de la Pentecôte, une rente de deux bassins de neige, qu'ils étaient tenus de remplacer, en cas d'impossibilité, par une charrette attelée de quatre bœufs blancs; rente de neige, qui fut toujours acquittée, malgré les chaleurs de quelques étés.

Montaigne voyage pour sa santé. On s'en aperçoit dans son journal. L'auteur des *Essais* est un égoïste raffiné; c'est en cherchant à se connaître lui-même qu'il a écrit un chef-d'œuvre; mais s'il eut raison de décrire son âme, il a donné sur son état physique des détails dont la précision ne peut guère intéresser que les médecins. Le petit grain de sable, qui exerça une si grande influence sur les affaires du monde en faisant mourir Cromwell, joua un rôle trop fréquent dans l'existence de Montaigne. Pour le détruire, il se rendit aux eaux de Plombières, de Baden en Suisse, de Lucques en Italie. Plombières, dont nous avons uniquement à nous occuper, est située « dans une fondrière entre plusieurs collines hautes et coupées... L'eau chaude n'a ny senteur ny goust ». On en usait presque exclusivement en bains; Montaigne étonna les baigneurs en en buvant environ neuf verres chaque matin. Le meilleur logis était l'*Ange,* situé à proximité des deux bains. Les appartements du moraliste, composés de plusieurs pièces, nullement pompeuses, mais fort commodes, ne coûtaient que quinze sous par jour, parce que l'on n'était pas dans le fort de la saison. Les hôtesses faisaient très bien la cuisine; mais le pain et le vin étaient mauvais. En partant, Montaigne fit peindre, moyennant un écu, « à la faveur de son hôtesse, » un écusson de ses armes, qui, selon l'usage du pays, fut attaché « curieusement à la muraille par le dehors ». C'était pour l'auberge une sorte d'honneur que d'étaler en lieu apparent les armoiries des personnages de distinction qui y étaient descendus.

Nous retrouvons Montaigne, un an plus tard, revenant d'Italie par le mont Cenis. On était au mois d'octobre ; la neige couvrait le sommet du passage. Huit porteurs, qui se relayaient quatre par quatre, lui en firent franchir le sommet. Pour la descente, on le plaça sur un traîneau, qui glissait en ligne presque droite sur le flanc de la montagne. C'est ce qu'on appelait et qu'on appelle encore « se faire ramasser ». La Maurienne le charma par ses truites et ses excellents vins. Quant à l'aspect des montagnes, notre voyageur n'en parle pas. Il observe seulement, à Saint-Rambert, qu'on en est tout à fait sorti, pour entrer « aux plaines à la française ». A Lyon, il acheta cinq chevaux pour continuer son voyage. Il passa par Thiers, Clermont et Limoges. « Plus je m'approchais de chez moi, dit-il, plus la longueur du chemin me sembloit ennuïeuse. » Ce n'était plus là l'Italie. L'hiver était venu ; et la bise soufflait dans les montagnes de la Marche, le long d'une route, garnie de chétives hôtelleries, où ne s'arrêtaient guère que les muletiers et les messagers qui allaient à Lyon. Ce fut avec une vraie satisfaction que l'auteur des *Essais* arriva dans son château de Montaigne le 30 novembre 1581.

IV

LES ALLEMANDS EN FRANCE SOUS HENRI IV ET
LOUIS XIII. — PAUL HENTZNER (1598). — PONTANUS (1603). — JUST ZINZERLING (1612). —
ABRAHAM GŒLNITZ (1627-1629).

Beaucoup d'Italiens vinrent en France, au XVIᵉ siècle,
pour y chercher la fortune plutôt que le plaisir. Ils
y voyagèrent en plus petit nombre aux siècles suivants. Il n'en fut pas de même des Allemands et des
Anglais qui ne cessèrent d'affluer dans notre pays,
pour y trouver un climat plus doux, une vie plus
aisée, une société plus polie. Ils cèdent à l'attrait que
les contrées méridionales exercent sur les hommes
du Nord ; ils sont aussi plus curieux de s'instruire
que les habitants du Midi. Les Allemands surtout ont
toujours eu le goût des langues et de la géographie ;
quelques-uns venaient apprendre à parler purement
le français dans nos universités ; plusieurs d'entre
eux rédigèrent des traités de géographie ou des récits
de voyage. Quelques-uns de ces récits, publiés sous
Henri IV et Louis XIII, sont des itinéraires, écrits
en latin, car le latin était encore la langue des savants,
et rédigés avec une certaine bonhomie qui n'exclut
pas l'exactitude. Parmi ces itinéraires, nous ferons
connaître particulièrement ceux de Paul Hentzner,

de Just Zinzerling et de Gœlnitz. Nous y joindrons celui de l'historien hollandais Pontanus.

I

Paul Hentzner a voyagé de 1596 à 1600 dans une partie de l'Europe, avec un jeune noble silésien dont il était le précepteur[1]. Ils partirent, selon la coutume pieuse de ce temps, après avoir prié Dieu de bénir leur voyage. Hentzner est un voyageur précis : il note exactement les localités où il dîne et où il soupe. Il fit en 1598 le tour de France sur des chevaux de louage, en bateau et même en carrosse[2]. Les routes carrossables n'étaient pas encore nombreuses. On en trouvait entre Poitiers et Tours, comme entre Paris et Amiens, Paris et Dijon. Les deux Allemands quittèrent Poitiers dans une voiture à deux chevaux, suivie de deux mulets. Dans les faubourgs de Troyes, les pluies avaient rendu les chemins si glissants qu'une des roues se brisa. Certaines provinces présentaient encore des traces de la guerre étrangère et civile. Aux abords de Tournus, des brigands à cheval

---

[1] *Itinerarium Germaniæ, Galliæ, Angliæ, Italiæ, scriptum a* Paulo Hentznero, Breslæ, 1618.

[2] Voici l'itinéraire de Hentzner : entrée en France par Gex ; — De Tournus à Avignon, en bateau. — D'Avignon à Toulouse, à cheval, par Montpellier. — De Toulouse à Bordeaux, en bateau. — De Bordeaux à la Rochelle, par la Gironde et par mer. — De la Rochelle à Poitiers, à cheval. — De Poitiers à Tours, en voiture. — De Tours à Orléans, par la Loire. — De là, à cheval, à Bourges, Gien, Paris. — En bateau de Paris à Rouen ; à cheval à Dieppe, où il s'embarque pour l'Angleterre. — Il revient par Calais, Boulogne ; de Boulogne à Eu, par mer ; d'Eu à Amiens, à cheval ; en voiture, d'Amiens à Paris et de Paris à Dijon. — De là à Besançon et à Bâle, à cheval.

battaient la campagne, et les environs de Boulogne
étaient tellement désolés par les voleurs qu'Hentzner
et son compagnon furent obligés de gagner par mer
la ville d'Eu.

L'aspect général du pays n'en était pas moins fertile et prospère. Le Languedoc, la Touraine, le Berry,
la Normandie, une partie de la Champagne offraient
de toutes parts une apparence plantureuse. La Touraine est dès lors appelée le jardin et le verger de
la France. Dans le Languedoc, le gibier est si abon-
dant que tous les jours on sert des perdreaux et des
cailles pour déjeuner et dîner. Le vin, qu'on récol-
tait en grande quantité dans la même province, était
si généreux qu'il était d'usage de le mélanger d'eau.
Hentzner note, sur son passage, la qualité des vins
que l'on fait dans les divers pays. Il exalte par-des-
sus tout ceux de l'Orléanais, qui sont « très nobles »
et qui s'exportent dans toute l'Europe sous le nom
de vin d'Orléans. Les modes et les goûts passent.
Aujourd'hui le vinaigre d'Orléans est seul célèbre.

Notre Silésien admire beaucoup les villes de France.
Il est prodigue d'épithètes élogieuses à leur égard.
Bordeaux, qui excelle en toute chose, a de magnifiques édifices, une université insigne. Chartres a une
église des plus splendides. Le site de Provins ressemble à celui de Jérusalem. Troyes est si « noble »
par son évêché et son commerce qu'on l'appelle parfois la fille de Paris. Bourges a des édifices superbes,
et des habitations si vastes et si commodes qu'elles
sembleraient convenir à des héros plutôt qu'à des
hommes. Est-ce une allusion à la maison de Jacques
Cœur? Mais la plus noble cité de France, c'est sans
contredit Orléans; les habitants y sont « opulentis-

simes » et « richissimes »; les maisons élégantes avec leurs salles garnies de nattes; les rues larges, propres, pavées de pierres carrées. De nombreux Allemands viennent étudier à son illustre université; ils nomment tous les trois mois un procureur et jouissent de grands privilèges. Ils ne sont pas seulement attirés par les leçons qu'on y donne, mais par la pureté de la langue. On parle à Orléans un français si pur qu'on dit l'*orléanisme* comme autrefois l'on disait l'atticisme.

Blois l'emporte sur Orléans par la beauté de sa situation, le charme et la fertilité de ses environs, la richesse et la séduction de ses campagnes, qui joignent partout l'utile à l'agréable. L'air y est si sain que les médecins envoient les malades à Blois pour le respirer. Pendant tout le XVIIe siècle, cette ville jouit de la faveur des étrangers, qui viennent s'y installer. Un Manuel de voyage, publié en 1672[1], dit qu'il s'y trouve des pensions de toute sorte pour satisfaire tout le monde; telles que « la pension coquette, la pension magnifique, la pension salée..., la pension médiocre et la pension puante..., car à Blois, dit l'auteur de ce livre, ce sont des gens à sobriquets ».

Hentzner, chemin faisant, note quelques remarques curieuses. Il signale les nombreux moulins à vent de l'Aunis; le foulage des blés sous les pieds des mulets et des bœufs, dans le Languedoc. En traversant un bourg de cette province, il rencontre des enterrements, où les assistants poussent de grands cris et de bruyants gémissements. Dans un village

---

[1] *Le Guide fidelle des étrangers dans le voyage de France*, Paris, 1672, p. 100.

voisin, les filles dansent au milieu des rues, avec des gesticulations étonnantes. Bien loin de là, à Châtres, aujourd'hui Arpajon, les hommes et les femmes courent, le soir, dans la ville, à la lueur des flambeaux, dansent sur les places publiques, et célèbrent en trépignant la fête de la fin des vendanges. Près de Châtres, Hentzner ne peut assez admirer le parc du Seigneur de Chantelou, qui est rempli d'ifs et de buis taillés sous la forme de personnages mythologiques ou de sujets pittoresques; il s'est même donné la peine d'en faire l'énumération.

Le Silésien ne vante pas le caractère des Français. A Calais, il se dispute avec son aubergiste, à qui il a confié de petites bombardes, qu'il emporte sans doute pour se défendre contre les voleurs; il invoque l'assistance du gouverneur, qui s'entremet en sa faveur, mais sans réussir à lui faire retrouver ses armes. Hentzner se plaint surtout des Toulousains. Il paraît qu'ils regardaient fixement les étrangers, comme des bêtes inconnues, récemment amenées d'Afrique, et qu'ils oubliaient même de manger pour les mieux considérer. Les étudiants surtout se plaisaient à leur jouer de nombreux tours, et leur extorquaient, sous prétexte d'aumônes et de messes à faire dire, des sommes d'argent qu'ils dépensaient en festins nommés *morfles*. Hentzner et son jeune gentilhomme avaient peut-être des physionomies de nature à provoquer ces mystifications, qui étaient de tradition à l'université de Toulouse.

II

Quelques années plus tard, un jeune savant hollandais, Jean-Isaac Pontanus[1], qui fut un historien distingué, suivait à peu près le même itinéraire que Paul Hentzner. Il venait continuer à Montpellier les études de médecine qu'il avait commencées à Bâle. Dans sa relation en vers latins[2], il s'étend particulièrement sur le séjour de Montpellier, où il a passé un hiver : hiver si doux que, pour se chauffer, on ne brûlait pas de bois, mais on faisait flamber dans le foyer des branches de romarin. La beauté du climat, la fertilité de la campagne, les danses des jeunes filles, l'enseignement des professeurs de médecine, les curiosités du jardin botanique charment également et tour à tour le jeune Hollandais. Écrivant en vers, il est naturel qu'il ait exprimé parfois en termes flatteurs l'admiration que lui inspire le spectacle de la France. Dans les commentaires en prose, dont il a fait suivre son poème, il se livre surtout à des considérations historiques, archéologiques et politiques. C'est ainsi qu'il divise avec beaucoup de sagacité les Français en trois classes : la noblesse, la bourgeoisie, le peuple, qui ont tous trois pour modérateurs la religion, la justice et l'administration.

La noblesse, selon lui, s'adonne au métier des armes. La bourgeoisie se compose en grande partie de

---

[1] *Itinerarium Galliæ Narbonensis, authore Johánne Isacio Pontano*, Lugduni Batavorum, 1606, in-12.
[2] *Ibid.*

marchands qui gagnent d'autant plus dans le commerce que les nobles ne s'y livrent pas. Leurs enfants acquièrent pour la plupart des charges judiciaires, qui sont en plus grand nombre en France que dans tout le reste de la chrétienté. Quant au peuple, qui se compose de laboureurs et d'artisans, Pontanus remarque que plusieurs de ses membres peuvent s'élever par leur travail et leur mérite de la troisième classe à la seconde. La faveur spéciale du roi ou des services exceptionnels peuvent donner accès à la première. Cette coutume conserve l'ordre de la noblesse, que décime la guerre; elle excite l'émulation; elle empêche la jalousie et la haine entre les gens du peuple, puisqu'il est permis à ceux qui ont le plus de mérite et d'énergie de parvenir à un rang supérieur. C'est ainsi que les Romains recrutaient les chevaliers parmi les plébéiens et les patriciens parmi les chevaliers.

La fertilité du sol fournissait d'un autre côté à la France quatre sources inépuisables de richesses : le blé, le sel, le vin et le chanvre, et telle était l'abondance de ses productions que Louis XI avait comparé son royaume à un pré si fertile qu'on pouvait le faucher toutes les fois qu'on le voulait. Les étrangers avaient de sa richesse la même opinion, qu'exprimait au XVIe siècle le poète prussien, Étienne de Knobeldsdorf, cité par André du Chesne, lorsqu'il disait :

> Seule la France on void si riche et de tel heur
> Qu'elle mesme ne sait sa force ou sa valeur.

III

Cette admiration pour l'abondance des productions de la France, un jeune Allemand, Just Zinzerling, l'éprouve et l'exprime, à l'époque de la minorité de Louis XIII[1]. « Si l'on consommait, dit-il, en un an, dans les autres pays, le même nombre de chapons, de poules et de poulets qu'on fait disparaître ici en un jour, il serait à craindre que l'espèce n'en pérît. On mène les dindons paître par troupes. On rencontre plus de lièvres, de lapins, de perdrix, de grives là que partout ailleurs. Il y a des forêts, dans le Poitou, où l'on voit, quand on les traverse, des bandes de lapins brouter et se réjouir, ce qui n'est pas une maigre volupté pour les yeux. » Zinzerling songeait peut-être au plaisir plus grand qu'il aurait de les voir à la broche. Il note les bonnes auberges au passage : l'hôtellerie de Blamont, la meilleure qu'il y ait entre Strasbourg et Paris ; le *Mûrier* à Saumur, où l'on boit du vin tiré d'un cellier bien frais ; la *Poste*, à Carcassonne, où l'on paie quarante sous par jour pour soi et son cheval. En Picardie, il remarque que les aubergistes ne fournissent que la chambre, le pain et le linge, et qu'il faut faire venir le reste des gargottes voisines. Zinzerling est jeune ; il aime à se

[1] Jodoci Sinceri *Itinerarium Galliæ et finitimarum regionum*, Lugduni, 1616. — Amstelodami, 1649 ; cet ouvrage, qui eut d'autres éditions, a été traduit par Thalès Bernard, sous le titre de *Voyage dans la vieille France* (Lyon, 1859), et imité, comme on la verra plus loin, par l'auteur du *Voyage de France*.

réjouir. « Tu pourras très facilement, dit-il à Moulins, te lier avec les jeunes gens du pays et vivre de la sorte dans une honnête gaieté, comme c'est l'usage du lieu. On t'invitera à des festins, à des parties de plaisir; on te mènera à la campagne et au bal. Tu passeras ainsi ta vie très joyeusement au milieu des beautés de Moulins. »

Ce jeune Allemand n'est pas seulement venu en France pour vivre joyeusement; il s'est dirigé vers les bords de la Loire en quête de beau langage et de science. Il est bien quelque peu pédant; il a cédé à la mode de son temps en travestissant son nom allemand sous la forme latine de Jodocus Sincerus; mais il a, dans ses appréciations, une certaine naïveté qui n'est pas sans attrait. En passant, il rend hommage à Paris : « Avoir vu les villes d'Italie, d'Allemagne et des autres royaumes, ce n'est rien; ce qui frappe surtout, c'est quand un homme annonce qu'il a été à Paris...; mais, ajoute-t-il, quand tu auras salué Paris, il faudra t'en éloigner pour chercher une ville où l'on parle un français plus correct... Cette ville, ce sera Blois ou Orléans; » Orléans surtout, où il faut rester au moins un mois. Les habitants sont d'une politesse extrême envers les Allemands, et leur offrent libéralement de leur vin généreux. Mais ils brillent surtout par l'élégance de leur langage. « Les jeunes filles surtout se piquent de bien parler et se vantent de *pindariser*. » Comme Hentzner, Zinzerling paraît ravi d'Orléans. Il semble également apprécier Saumur, où de nombreux étrangers suivent les leçons de « maîtres en toutes sortes d'exercices ». Il a moins d'estime pour le midi, dont le vin lui semble supérieur au langage. « Celui qui viendrait

en ce lieu, dit-il en Languedoc, pour apprendre le
français, s'en repentirait éternellement. »

Il n'apprécie pas seulement la langue du pays; il
en aime les habitants. Loin de signaler leur gourmandise, comme le font les Italiens, il loue leur sobriété
relative. Il admire leur démarche élégante; l'extrême
vivacité de leur esprit, leur politesse et leur goût.
Il a entendu des femmes du grand monde disserter
d'une manière très remarquable sur la politique, la
physique et la morale. Mais, malgré ses aptitudes
littéraires, Zinzerling a le sens artistique peu développé. Comme Hentzner, il éprouve une singulière
estime pour le parc de Chantelou ; il se plaît à décrire,
dans le jardin du château de Moulins, un certain
pont-levis qui bascule sous les pieds de l'étranger
naïf. Il fait avec plus de raison l'éloge des belles
promenades qui avoisinent certaines villes, et où toute
la population afflue, se promène, joue et danse aux
beaux jours d'été : le mail à Tours; le pré des
Allemands à Angers, et surtout la place Bellecour à
Lyon.

Les voitures publiques étaient encore rares. Il y en
avait pourtant une, qui allait tous les jours de Paris
à Orléans sur une route bien pavée. Ailleurs, on
avait la ressource du messager à cheval. Moyennant
dix à douze livres, le messager s'engageait à vous
mener de Nantes à la Rochelle et à vous nourrir
pendant le trajet. On pouvait prendre aussi des relais;
un enfant à pied accompagnait le cheval et le rame-
nait. A coup sûr, on n'allait pas vite de cette façon.

Zinzerling, qui s'attache surtout à signaler les
principaux monuments des villes, a fait quelques
remarques personnelles. La haute taille des femmes

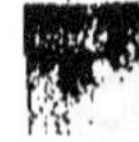

de Sancerre l'a frappé, non moins que la laideur et
la difformité des femmes de Périgueux ; à Chambord,
il a vu de toutes parts, sur les murailles, des noms
tracés au charbon, et ce qui a causé sa grande hilarité,
ainsi que celle de ses compagnons, sans doute Allemands comme lui, c'est de lire le nom d'un habitant
de la Frise répété plus de cent fois dans tous les coins.
Il a consigné dans son livre des observations moins
frivoles. Dans le Dauphiné, il établit un contraste
entre la lourdeur et la stupidité des paysans, la politesse et la vivacité d'esprit des citadins. Il a assisté
aux fêtes annuelles des confréries de Lyon, où l'on
porte en grand cortège des pains bénits de couleur
safranée. Il s'est récréé à Marseille de la musique des
galériens qui viennent donner des sortes de sérénades
dans les hôtels. Il a éprouvé l'insolence des bourgeois
de la Rochelle, qui forcent les étrangers à traverser,
chapeau bas, toute la rangée des sentinelles, qui sont
de garde aux portes. En revanche, il signale ce gracieux et touchant usage de Béziers : Aussitôt que
les voyageurs y arrivent, trois ou quatre jeunes filles,
des meilleures familles et choisies parmi les plus
jolies, viennent les prier, au nom des pauvres, de
leur faire une aumône. Un usage analogue existait
encore en 1629, à Castelnaudary, où des jeunes filles
vinrent tendre au voyageur Gœlnitz une fiole d'or
afin qu'il y déposât une offrande pour les pauvres.

IV

De tous les Allemands qui ont parcouru et décrit
la France dans la première partie du XVIIe siècle,

Abraham Gœlnitz est, à coup sûr, l'observateur le plus précis et le plus détaillé[1]. Il ne cherche pas seulement à reproduire les renseignements donnés sur les villes par ses devanciers; il a le goût des inscriptions anciennes et modernes; il en relève un grand nombre, aujourd'hui disparues; il visite et fait connaître quelques cabinets de curiosités : à Poitiers, à Arles, à Nîmes, par exemple; il parcourt les universités, décrit avec de grands détails l'organisation de la nation allemande, qui fait partie de l'université d'Orléans, parle de l'humeur batailleuse des étudiants de Poitiers et des exactions exercées sur les étrangers par les étudiants de Toulouse, que la justice laisse impunis. Il admire certains châteaux, comme celui du duc d'Épernon, à Cadillac, qui renferme soixante-dix chambres, et celui du maréchal de Lesdiguières, à Vizille, où l'on en compte cent vingt. Ce dernier contient une galerie de tableaux et un arsenal, où sont rangés, dans l'ordre le plus élégant et avec une sorte de royale magnificence, six cents armures complètes, deux mille piques, dix mille mousquets... On comprend que Richelieu ait voulu réduire la puissance de grands seigneurs qui pouvaient ainsi équiper des corps d'armée.

[1] Abrah. Gölnitzi Dantisc. *Ulysses belgico-gallicus fidus tibi dux et Achates per Belgium Hispan. regnum Galliæ, ducat. Sabaudiæ, Turinum usq. Pedemonti metropolin.* Lugduni Batav., ex officina Elzeviriana, 1631, in-12, de 172 p. (2e éd., Amsterdam, 1655). Des extraits de ce voyage, qui concernent Lyon et le Lyonnais, ont été traduits et annotés par M. Vachez. M. Macé a fait une traduction analogue pour le Dauphiné; M. l'abbé Leclerc pour le Limousin. M. Vernière en prépare une pour l'Auvergne. Il serait à désirer que d'autres érudits fissent le même travail pour les autres provinces de France dont parle Gœlnitz.

Gœlnitz, qui donne à son livre le titre de *Ulysses belgico-gallicus*, a parcouru la France en différents sens, à pied et surtout à cheval. Suivant parfois des routes peu fréquentées, dans des provinces reculées, il a pu rencontrer d'étranges gîtes. Dans certains villages, dans certains bourgs même du centre de la France, les auberges sont dépourvues de tout ; c'est à peine si l'on y trouve du pain et du feu ; les lits manquent. Heureux si l'on a assez de paille pour s'étendre auprès du feu, la tête appuyée sur un paquet de hardes ; heureux, si les portes et les fenêtres peuvent se clore. Il est des moments où l'on se félicite encore de trouver des abris de ce genre. Un soir, Gœlnitz et ses compagnons s'attardent ; la nuit amène d'épaisses ténèbres ; il pleut à verse, c'est une tempête. On ne voit plus le chemin recouvert par l'eau ; on tâte le sol avec les mains pour s'assurer qu'on est bien sur la route. Aucune lumière à l'horizon, aucun bruit. Aussi quelle satisfaction, lorsqu'on a longtemps marché ainsi, les manteaux trempés, les bottes pleines d'eau, que d'arriver à la rustique auberge ! Comme on est disposé à comparer à Philémon et à Baucis les vieillards qui la tiennent, et à voir sous leur meilleur aspect le pain et le vin qu'on offrira, la paille sur laquelle on couchera et surtout le grand feu clair où l'on pourra sécher ses manteaux et ses bottes !

Tous les gîtes n'étaient pas aussi primitifs, et c'est surtout en voyage qu'on peut dire que les jours se suivent et ne se ressemblent pas. La veille, on n'a rien à manger ; le lendemain, dans le faubourg d'une ville, on trouve un souper somptueux. On a passé la nuit dans un cabaret ouvert à tous les vents, au milieu d'artisans de mauvaise mine, et deux jours après, à Tarare, on est accueilli dans une hôtellerie admirablement tenue, où tout le service est fait par les filles et les sœurs de l'hôtesse, où les mets sont copieux et parfaits, le vin bon, les chambres vastes et propres, et les prix modérés. Cette abondance de la table, Gœlnitz, comme ses compatriotes, la trouvera surtout dans le Languedoc. Elle est en rapport avec la fertilité du sol, qui se manifeste aux yeux du voyageur dans une grande partie du royaume.

Est-il besoin d'énumérer, à sa suite, les riches contrées qu'il parcourt? L'apparence des habitants n'est pas toujours en rapport avec la fertilité du sol qu'ils cultivent; les paysans des bords de la Loire, qui vivent dans des cavernes entourées de vignes et de champs opulents, sont comparés par Gœlnitz à des porcs qui portent des colliers d'or. La Touraine est très populeuse; mais la richesse de la terre est telle que les habitants se livrent au plaisir et que les maisons sont pleines de gens oisifs. D'autres contrées ne sont pas moins favorisées par le climat et par les produits de la nature; tels sont, entre autres, les environs de Bourges, ceux de Loudun, où les fruits, le froment, le vin, les animaux présentent l'image de la fécondité, où l'on engraisse une quantité de poulardes, que l'on appelle les poules de Loudun; la plaine d'Agen, la plus riche de l'Aquitaine; la Saintonge, qu'on nomme la *perle* de la France. La vallée de l'Isère possède aussi ses charmes. Gœlnitz en a tracé un tableau idyllique, lorsqu'il parle des violettes qui couvraient le versant des montagnes, tandis que les amandiers et les pêchers en fleurs répandaient au milieu des vignes d'agréables parfums.

Il descendait de la grande Chartreuse, qu'il décrit d'une manière détaillée. La première porte du couvent était chargée de têtes d'ours qui avaient été tués dans les forêts voisines. Les lits des chartreux étaient garnis de bois de chêne ; mais on n'y voyait pas de punaises, pas plus que dans les autres couvents de leur ordre. C'était en faveur des pères un privilège qui ne s'étendait pas aux valets. En entrant au couvent, les étrangers étaient tenus de déposer leurs armes qu'ils reprenaient en partant. Une précaution analogue était observée dans un certain nombre de villes et de châteaux. Les campagnes étaient-elles toujours sûres ? Quoique les cavaliers de maréchaussée circulassent deux par deux sur les routes, quoiqu'il ne soit pas question, dans les récits de Gœlnitz, d'agressions à main armée, cependant les voyageurs, qui cheminaient parfois en bande, portaient des épées et des mousquets, qui leur auraient été inutiles dans l'intérieur des villes. Celles-ci étaient gardées avec un soin jaloux par la milice bourgeoise. A Lyon, on faisait subir aux portes un interrogatoire aux étrangers ; et on leur remettait un billet indiquant le nom de l'hôtel auquel ils avaient l'intention de descendre.

L'intérieur des villes ne séduit pas toujours Gœlnitz. La saleté et les mauvaises odeurs le frappent particulièrement à Amiens ; il se plaint d'y être logé dans une auberge où les portes sont dépourvues de serrures et de barres. A Lyon, les rues sont étroites et malpropres ; les chéneaux des toits lancent, les jours de pluie, des cascades jusqu'au milieu de la rue. La propreté malheureusement laisse partout un peu trop à désirer, et le voyageur allemand a raison de dire

que, sous ce rapport, la France ne peut rivaliser avec
la Belgique.

C'est surtout dans les provinces écartées qu'on a
peine à la rencontrer. Gœlnitz présente sous un jour
peu attrayant les Limousins qui se pressent à la foire
de Felletin. Rien n'était plus arriéré que la ville de
Limoges. La simplicité des mœurs et des vêtements
y était extrême. Si une Parisienne y avait conservé
son costume, elle aurait passé pour une femme de
mœurs suspectes. La cuisine était également primi-
tive. On se gorgeait de pain, et l'on n'avait aucun
égard à la délicatesse des mets. Des observations de
ce genre sont des ombres au tableau généralement
brillant que Gœlnitz a tracé de la France.

Les voyages de Zinzerling et de Gœlnitz ont eu
un véritable succès, attesté par plusieurs éditions ;
malgré le grand nombre de leurs remarques personnelles, ces voyageurs avaient fait quelques emprunts
à leurs devanciers et à des géographes tels que
Paul Merula. Plus tard ils servirent à leur tour de
guides et de modèles à des écrivains qui essayèrent de
faire connaître la France à leurs contemporains.

V

VOYAGEURS ANGLAIS AU XVIIe SIÈCLE. — THOMAS CORYAT (1608). — EVELYN (1644-1650). — MARTIN LISTER (1698).

Les impressions origninales se rencontrent assez fréquemment chez les voyageurs anglais. Non moins nombreux que les Allemands, mais moins érudits que ces derniers, ils ont laissé des récits ou des souvenirs de voyage plutôt que des itinéraires. Beaucoup d'entre eux étaient attirés de ce côté de la Manche, soit par les relations plus étroites qui s'établirent à diverses reprises entre les deux cours, soit par le désir de se distraire et de s'instruire. D'autres ne faisaient que traverser la France pour se rendre en Allemagne, en Espagne ou en Italie. De ce nombre fut Thomas Coryat, personnage excentrique, qui a laissé un récit intéressant de ces pérégrinations sous le titre humoristique de *Crudités de Coryat*[1].

[1] *Coryat's crudities hastily gobled up in five months travells in France, Savoy* ... 1611 — 2e édition, 1776. Des extraits de ces voyages, traduits en français, ont été publiés par M. Robert de Lasteyrie, dans les *Mémoires de la société de l'histoire de Paris* (t. VI, p. 24 à 53) et par M. Anatole de Montaiglon, sous le titre d'*Un voyageur anglais à Lyon sous Henri IV* (1880, in-8° de 23 p.)

I

Il fit presque tout son voyage à cheval. C'est seulement entre Amiens et Paris qu'il prit le coche. Les chevaux de poste, sur lesquels il chevauchait, étaient parfois si fatigués qu'un des compagnons de Coryat, en voulant stimuler l'un d'eux, le blessa d'un coup d'épée, et fut obligé, pour apaiser le postillon, de l'indemniser en argent. On rencontrait aussi sur les routes et dans les hôtelleries des « mules du roi », chargées de marchandises, la tête garnie de houppes et de glands de drap rouge, et portant aux œillères et au frontail des plaques de cuivre marquées des armoiries royales[1].

Près d'Amiens, Coryat voit encore des restes des guerres du commencement du règne de Henri IV : c'est un village entièrement ruiné. Çà et là, des potences s'élèvent pour intimider les malfaiteurs. Si, à Clermont, on n'y suspend que le portrait d'un condamné qui a réussi à s'enfuir et qu'on exécute ainsi par effigie, il en est d'autres, comme le gibet de Montfaucon, le plus beau que notre Anglais ait jamais vu, où sont attachés de véritables criminels. Près de Moulins, il rencontre pendus à un beau gibet de pierre dix cadavres réduits à l'état de squelette et couverts de haillons en lambeaux.

Heureusement que la route offrait des spectacles

[1] Il y avait encore en 1749 un capitaine des équipages des mulets du roi. Ces mulets servaient à porter, en voyage, les lots du roi et les tapisseries de campagne avec les coffres de la chambre et de la garde-robe. (*L'État de la France*, 1749, I, 271-272.)

moins horribles. Les environs de Saint-Leu, la vallée de Montmorency, présentaient l'aspect le plus fertile et le plus riant avec les nombreuses maisons de campagne, élégantes ou somptueuses, qui appartenaient, disait-on, pour la plupart à des avocats de Paris. Plus loin, ce sont de tout autres spectacles. Les montagnes de Tarare apparaissent couvertes de pins et de belles forêts; les troupeaux de moutons qu'on y rencontre sont d'un noir de charbon comme les hordes de cochons qu'on aperçoit auprès de Lyon.

Coryat a décrit d'une manière détaillée Paris, Saint-Denis et Fontainebleau, où était alors la cour. A Paris, il fut particulièrement frappé des processions de la Fête-Dieu. Les rues importantes, comme la rue Notre-Dame, étaient tendues des plus belles tapisseries qu'on avait pu trouver. Çà et là étaient disposés des dressoirs couverts d'argenterie, comme jamais il n'en avait vu; on y avait rassemblé des vases et des pièces d'orfèvrerie du plus grand prix, et près de ces dressoirs, étaient arrangées avec un art vraiment magnifique des rocailles où de l'eau claire s'échappait au milieu de mousse et de rochers.

Lyon, où Coryat se rendit par Moulins, était regardé dès lors comme la seconde ville de France. Entourée de solides murailles, il fallait traverser trois portes pour y pénétrer. A la troisième porte, un portier demandait d'où l'on venait et ce que l'on venait faire dans la ville; il donnait ensuite au voyageur un billet de sa main, sans lequel il n'aurait été admis dans aucun hôtel.

La plupart des maisons de Lyon étaient d'une hauteur excessive; construites en pierres de taille, elles avaient six ou sept étages au-dessus de la cave.

De nombreuses fenêtres étaient garnies de papier huilé ; dans d'autres la partie inférieure était munie de papier et la supérieure de verre. Cet usage persista à Lyon jusqu'au milieu du siècle suivant[1].

Parmi les monuments et les établissements religieux de cette ville, Coryat visita aves un intérêt spécial le collèges des Jésuites, où l'on enseignait les sept arts libéraux et où l'on faisait des exercices publics. Un grand nombre de jeunes gentilshommes et d'autres écoliers moins fortunés étudiaient la grammaire dans une très belle salle, décorée de peintures, d'ornements et de devises grecques. Les figures des apôtres étaient peintes sur les murs du cloître. Là bibliothèque était remarquablement somptueuse et très bien garnie de livres.

Coryat descendit à l'enseigne des *Trois Rois*. C'était l'hôtellerie la plus belle et la mieux fréquentée de là ville. Les cours intérieures étaient égayées de devises et de peintures facétieuses. On y lisait : *On ne loge céans à crédit, car il est mort*. On avait peint sur toute une paroi de muraille l'histoire d'un colporteur endormi dont la mallette était pillée par des singes. Rien n'était plus amusant que les grimaces des singes, qui prenaient mille postures plaisantes autour du colporteur et qui grimpaient aux arbres, avec des bésicles sur le nez, des colliers autour du cou, tenant dans leurs mains des lanternes, des croix, des encensoirs et des cartes, qu'ils avaient volés dans la mallette. Toutes les personnes de marque descendaient dans cette hôtellerie. Coryat y rencontra M. de Brèves qui revenait de Constantinople avec un Turc très instruit

---

[1] Maihows, *Voyage en France, en Italie et aux îles de l'archipel*, tr. de Puisieux, 1767, 1, 268.

et un Maure nègre, qui le suivait en qualité de fou. Il y vit aussi un fils posthume du duc de Guise, qui était chevalier de Malte. On avait fait venir à son souper d'excellente musique, et, après souper, le jeune chevalier et ses compagnons, qui étaient de galants et d'aimables gentilshommes, dansèrent des courantes et des voltes dans une des cours de l'auberge.

II

Trente-cinq ans plus tard, un jeune Anglais revenait d'Italie, où il avait étudié l'anatomie à l'université de Padoue. Riche, intelligent, amateur éclairé de livres et de beaux-arts, John Evelyn était disposé à se laisser charmer par les attraits de la France. On peut lire dans son *Journal*[1] en quels termes il parle de son voyage de Genève à Paris : « Nous nous fîmes, dit-il, conduire en bateau à Lyon en traversant d'admirables rochers. De Lyon, nous montâmes à cheval pour Roanne, couchant en chemin à Feurs. A Roanne, on nous offrit tout ce que la France pouvait contenir de meilleur, car les provisions y sont aussi bonnes qu'abondantes, et notre souper aurait pu satisfaire un prince. Nos lits étaient de damas et dignes de coucher des empereurs. La ville est une des mieux bâties de France sur les bords de la Loire. Nous y fîmes marché avec un vieux pêcheur pour

[1] Evelyn's *Diary and correspondence from* 1641 *to* 1706, edited by W. Bray, 2 vol. in-4°, 1819. — Des extraits de ce journal, qui a eu de nombreuses éditions anglaises, ont été traduits par M. de Lasteyrie, à la suite du *Voyage de Lister à Paris*.

nous conduire jusqu'à Orléans. » Ils y arrivèrent le troisième jour. « Nous ramions chacun à notre tour, continue Evelyn, et je pense que mon compte monte bien à une vingtaine de lieues. De temps en temps, nous nous promenions dans les prés et les champs qui bordent la rivière. Nous tirions aux oiseaux, et tout nous était bon. A d'autres moments, on jouait, on faisait des vers ; car nous avions avec nous le grand poète M. Waller et d'autres gens d'esprit. »

Cet heureux voyageur avait longtemps séjourné à Paris en 1644 ; il y revint en 1649 et 1650. Il en fit le point de départ d'excursions plus ou moins éloignées. En allant à Saint-Germain, il s'arrêta à Saint-Cloud. « Il y a dans ce bourg, dit-il, une hôtellerie qui met à la disposition des grands personnages qui veulent s'y divertir des appartements, des meubles et une argenterie dignes des princes ; mais on les paye comme j'en ai fait l'expérience. Au reste, on y est traité splendidement, et ce prix n'est pas déraisonnable, si l'on considère la bonté de la cuisine et la richesse du service... » Les jardins du château de Rueil, qui avaient été aménagés par Richelieu, lui semblent un paradis. Il y signale, comme singularités, deux figures de mousquetaires qui faisaient partir vers les promeneurs leurs fusils chargés d'eau, et le spectacle d'une pluie, qui, de la voûte, venait à la rencontre de mille petits jets, qui s'élançaient du pavé... On peut encore être témoin d'une plaisanterie médiocre de ce genre dans les jardins trop vantés de la villa Pallavicini, près de Gênes[1].

____

[1] Ces singularités puériles étaient à la mode au XVᵉ siècle, à la cour de Philippe le Bon. (Quantin, *les Ducs de Bourgogne*, p. 30.)

La principale excursion d'Evelyn fut un voyage en Normandie. Après avoir dépassé Pontoise, il trouve que le pays a beaucoup de ressemblance avec l'Angleterre; mais les loups y sont si nombreux qu'un berger raconte que l'un d'eux avait étranglé la veille un de ses camarades, au beau milieu de son troupeau. Les champs sont pour la plupart plantés de poiriers et de pommiers. Rouen lui paraît une très grande ville. Dieppe est plein d'artisans qui font et vendent toutes sortes de curiosités d'ivoire et d'écaille, « et tout ce que les Indes orientales peuvent fournir de cabinets, de porcelaines et d'autres choses rares et précieuses se rencontre là dans la plus grande abondance. »

De Dieppe au Havre, Evelyn et son compagnon de route, sir John Colton, suivent une route raboteuse et remplie de rochers. La forte citadelle du Havre est garnie de beaux canons de bronze qui portent cette devise : *Ratio ultima regum*. Du Havre, ils traversent l'embouchure de la Seine pour se rendre à Honfleur. Ce n'est qu'une pauvre ville de pêcheurs ; ce qu'il y a de plus curieux, ce sont « les vêtements des femmes du peuple, qui sont de peaux d'ours ou d'autres animaux. A Dieppe et sur le reste de la côte, ils sont d'une grosse serpillière ».

La ville de Caen, qui est belle et noble, abonde en toutes choses et à bas prix. Evelyn y admire la grande abbaye, fait l'éloge du château et de l'hôtel de ville, qui est bien bâti. Il revient à Paris par Évreux.

Dans une des promenades qu'il fit aux alentours de Paris avec plusieurs nobles anglais, parmi lesquels se trouvait l'ambassadeur d'Angleterre, il apprit à connaître le caractère peu endurant des habitants des environs de la capitale. En revenant de Vanves, « village fameux par son beurre, » lord Ossory se prit de querelle avec un homme, qui était sur la porte de son jardin et l'en avait repoussé avec des paroles inciviles. Les compagnons d'Ossory frappèrent cet homme sur la tête et le forcèrent à demander pardon au lord. Mais à peine les Anglais eurent-ils quitté le village, qu'ils furent assaillis par une foule de gens armés de fusils, d'épées, de bâtons et de fourches. La brillante cavalcade fut mise en déroute; les jeunes seigneurs et les dames qui les accompagnaient furent obligés de se réfugier dans une maison et bientôt de se rendre prisonniers. Un laquais heureusement put s'échapper, et courut chercher du renfort à Paris. L'homme insulté, qui s'était ainsi vengé, était l'intendant d'un président de grand'-chambre au Parlement; celui-ci, ayant été prévenu, accourut, supplia les Anglais de pardonner à son serviteur, et pria les dames d'accepter à souper dans sa maison. En somme, l'affaire avait été chaude, et milord Ossory affirmait que, dans toutes les affaires où il s'était trouvé sur terre et sur mer (et il en avait vu de terribles), jamais il n'avait couru si grand péril. Ce curieux incident vient à l'appui d'une opinion exprimée par Davity sur le caractère des paysans des environs de Paris : « Ils sont aussi fiers qu'en lieu du monde à cause du voisinage du parlement... On ne peut leur dire un mot qui leur déplaise qu'ils ne repartent aussitôt jusques à vous conjurer de leur mettre la main dessus; ce que faisant, vous les faites s'assembler pour essayer de vous mettre en peine. »

Cette manière d'agir ne concorde guère avec l'avilissement et la servilité qu'Evelyn, dans un de ses écrits, prête aux gens du peuple en France. Comme il a séjourné dans ce pays à l'époque de la Fronde, il a pu voir parmi eux de grandes misères ; il a pu dire qu'ils se nourrissent pis que des chiens. En revanche, les marchands sont souvent à l'aise. La noblesse affiche un grand luxe. La duchesse de Chaulnes, paraît-il, possède un lit dont les panaches sont estimés quatorze mille livres. Si l'on considère l'ensemble du royaume, les mariages sont féconds ; l'Europe n'a pas de nation plus populeuse, ni plus riche en denrées alimentaires.

Evelyn, qui est resté près de quatre ans en France, apprécie assez justement le caractère des Français. Il les montre moins dévots et plus indifférents en matière religieuse que les Italiens et les Espagnols ; prompts à l'attaque comme au découragement ; se targuant d'une science superficielle ; souvent bavards prétentieux et fatigants, mais aussi causeurs gais et courtois ; sachant se modérer dans leurs plaisirs, idolâtres de leur roi ; l'esprit ouvert et devinant à demi-mot ; enfin présentant le spectacle de la nation la plus franche, la plus vive, la plus sans-souci, qui existe sous la voûte des cieux. Evelyn ajoute à ce tableau d'ensemble quelques traits qu'on pourrait contester. Il prétend que dès qu'ils ont dépassé vingt ans, les Français et les Françaises semblent en avoir quarante, et, à cet âge, il trouve les Françaises extrêmement fanées. Il veut bien cependant leur reconnaître quelques charmes : les yeux noirs, les dents belles, la voix douce, une physionomie distinguée et naturelle. Il avoue qu'on rencontre parmi les dames

de qualité un grand nombre de beautés exquises.
Quant aux jeunes gentilshommes, ils ont moins de
goût pour les voyages que n'en ont les Anglais et les
Hollandais[1]; « ils y portent également moins de curiosité, et il leur semble leur suffire de pouvoir dire
qu'ils ont cru avoir passé par tel ou tel endroit. »
Des voyageurs de ce genre ont existé dans tous les
temps et dans tous les pays.

III

Parmi les nombreux Anglais qui vinrent en France
dans la seconde partie du siècle, je citerai en particulier Pierre Heylyn[2], le philosophe Locke et Addison,
qui résida un an à Blois en 1695. Locke a laissé
quelques notes sur le séjour qu'il fit en France de 1675

[1] Deux jeunes gentilshommes hollandais, Philippe et François de Villers, ont rédigé avec des détails intéressants le Journal de leur voyage de Paris en 1657-1658. Ils décrivent d'une
manière élogieuse le pays qu'ils traversent de Gravelines à
Paris. La fertilité et la culture des terres du Boulonais
attirent particulièrement leur attention. Les campagnes qui
entourent Abbeville leur paraissent si séduisantes qu'ils
croient pouvoir dire, sans faire tort aux autres pays, « que la
France est un paradis terrestre. » Abbeville et Beauvais sont
des villes commerçantes, mais « basties à l'antique, c'est-à-
dire de plastre et de bois ». MM. de Villers admirent avec
raison le chœur de la cathédrale de Beauvais. A mesure qu'ils
approchent de Paris, ils sont frappés de la grande quantité
de maisons de campagne et de l'importance des villages. Le
Journal de leur séjour à Paris, publié en 1862 par M. P. Faugère, est aussi intéressant pour la description de cette ville
que pour l'histoire.

[2] *A full relation of two journeys, the one of in the main-
land of France, the other in some of the adjacent islands...*
by Peter Heylyn, London, 1656, in-4°.

à 1678 ; il parle en termes peu favorables de certaines hôtelleries et de l'aspect misérable des villages et de leurs habitants[1]. Un observateur précis et des plus intéressants, c'est le docteur Lister, qui passa six mois à Paris en 1698[2] ; mais il a exclusivement décrit cette grande ville, faisant connaître avec méthode et sagacité ses rues, ses palais, ses curiosités, les cabinets de ses amateurs, ses bibliothèques, sans oublier son alimentation. Selon lui, le régime des Parisiens consiste principalement en légumes et en pain, et il fournit sur les légumes qu'on consomme les détails les plus minutieux. En sa qualité de médecin, Lister donne son appréciation sur l'hygiène de Paris, ainsi que sur les apothicaires et les médecins, dont il apprécie la condition et la science avec l'autorité d'un homme compétent.

[1] Des extraits de son *journal* ont été traduits dans la *Revue de Paris*, t. XIV, 1831, p. 5 à 18, 73 à 79. — On peut aussi mentionner : Burnet, *Voyage de Suisse, d'Italie et de quelques endroits d'Allemagne et de France années* 1685 *et* 1686, qui a eu plusieurs traductions françaises, et dont parle le père Lelong dans sa *Bibliographie de la France*.

[2] *Voyage de Lister à Paris en* MDCXCVIII, traduit par E. de Sermizelles, 1873, in-8°.

VI

LES DERNIERS PÈLERINS. — VILLAMONT (1588). — DOUBDAN (1651).

Le siècle XVIIe, qui fut une époque de rénovation religieuse, vit presque entièrement cesser les pèlerinages lointains. La foi était devenue plus rationnelle, et les lois furent d'accord avec les mœurs pour les entraver et les faire tomber en désuétude. Les routes étaient meilleures ; les moyens de transport plus faciles ; on allait davantage aux eaux ; on allait visiter l'Italie et même l'Orient, pour en admirer les monuments et les sites ; mais on n'allait plus à Jérusalem et à Saint-Jacques de Compostelle, comme autrefois. Pour faire de tels voyages, disait un pèlerin du XVIe siècle, Gabriel Giraudet, du Puy, premièrement faut avoir trois bourses : l'une soit pleine de fervente dévotion ; la seconde de patience, et la tierce d'or et d'argent[1]. » La fervente dévotion était diminuée aux siècles suivants, où l'on se contentait de répéter le dicton italien d'après lequel trois choses étaient nécessaires pour voyager : *tempo, sanita et danari*, du temps, de la santé et de l'argent.

Les pèlerins du moyen âge ne reculaient ni devant

[1] Giraudet, *Discours du voyage d'outre-mer...*, 1595, in-8°, p. 7.

Pèlerins en voyage, au XVIIe siècle, d'après Van der Meulen.

la longueur des trajets, ni devant les dangers et les difficultés de la navigation ; un d'eux donne de curieuses recettes contre le mal de mer et la vermine[1]. Il fallait aussi beaucoup d'argent pour faire le voyage d'outre-mer ; en 1532, un gentilhomme de la Ferté-Gaucher emporta avec lui 1540 livres ; il en dépensa plus de 1000, équivalant à environ 16000 francs de notre mon-naie[2]. On s'embarquait le plus souvent à Venise ou à Marseille. Quelques-uns de ces pèlerins ont fait con-naître leur itinéraire depuis le lieu de leur départ, et nous mettent ainsi à même de les suivre à travers la France jusqu'à la frontière.

Tel est le père Castella[3], qui part de Bordeaux en 1600 pour se rendre à Marseille, et qui fut attaqué, auprès de Toulouse, par des laboureurs qui se livraient au métier de voleurs de grands chemins ; grâce à un de ses compagnons, qui tira l'épée, il échappa à ce danger ; tel est le sieur de Villamont, qui, en 1588[4], alla de Paris à Lyon par le coche, en compagnie de dix personnes et moyennant six écus. Les craintes de la peste rendaient souvent les voyages difficiles ; on n'était pas admis dans certaines villes sans bullette ou bulle-

---

[1] « Souvent avient aux pélerins trestous que en brief temps ils seront plains de pous... Quand cela vient, face cataplasmer ou oindre tout son corps, sans rien blasmer, de vif argent estaint en l'uile d'olive avec longe aristologe... Sa teste soit après lavée avec carafablito et boraco... » Quant aux puces, « pour les yvrer ou faire immobilles, soiés soubtilz et bien abilles d'avoir canchar celle herbe en vostre lit, et çà et là en sera assez ; point ne fauldra courir après. » (Le Huen et Breydenbach, *Le Grand Voyage de Jérusalem*, 1498.)

[2] *Très ample et certaine description du sainct voyaige de Hierusalem*, Paris, 1536, in-4°.

[3] Henri Castella, *le Sainct Voyage de Hierusalem...*, Bour-deaux, 1603, in-4°.

[4] *Les Voyages du sieur de Villamont...*, Arras, 1606.

tin de santé ; on déterminait, d'autre part, le maximum d'argent qu'on pouvait emporter avec soi. Il était ainsi défendu d'avoir, en quittant Lyon pour l'Italie, plus de 80 écus en espèces, et l'on était tenu de montrer sa bourse aux portes de la ville. Peut-être voulait-on forcer ainsi les voyageurs à prendre des lettres de change, qui profitaient aux banquiers? A Lyon, Villamont fit marché avec des guides désignés sous le nom de marrons, qui se chargèrent de le conduire sur un cheval et de le nourrir, jusqu'à Turin, moyennant six écus.

Un des derniers pèlerins fut le chanoine de Saint-Denis, Jean Doubdan [1], qui partit pour Jérusalem en 1651. En sa qualité de prêtre fervent, il ne manque pas de signaler et de décrire les reliques et les reliquaires que l'on conserve dans les églises et les couvents, notamment à Saint-Maximin, à Toulon, à Marseille et à Apt. Dans cette dernière ville, il parle d'un petit Jésus de bois, pour lequel les dames d'Apt se plaisent à faire des robes, qu'on lui change à chaque fête. Mais il fait aussi des observations plus profanes; il se détourne de son chemin pour voir le puits d'où sortent les eaux de Pougues; il décrit « les bains admirables d'eau chaude » de Bourbon-l'Archambault; il loue les rues belles, larges et droites de Toulon, de Saint-Maximin et de Montélimar; il signale les rues étroites et tortues d'Apt et d'Orange. S'il apprécie les droits superbes des chanoines de Lyon, qui officient

____

[1] *Le Voyage de la Terre-Sainte*, par M. I. D. P., Paris, 1657. On publia en 1658, chez Clément Malassie, à Rouen, *la Grande Guide des chemins, pour venir par tout le royaume de France... augmenté du Voyage de Saint-Jacques, de Rome, de Venise et de Jérusalem*, in-24.

la mitre en tête, il remarque aussi qu'on ne rencontre pas de pauvres dans cette ville, grâce à l'excellente organisation des établissements de charité, grâce aux greniers pleins de blé qu'ils contiennent. Il sourit, en passant, de la jactance des habitants de Cassis, qui répètent : « Qui n'a vu Paris, ni Cassis n'a rien vu en France. » Ses navigations sur les fleuves ne sont pas toujours heureuses ; sur le Rhône son bateau est jeté contre un rocher ; il s'ennuie tant sur la Loire, qu'il continue son chemin par terre. A défaut de chevaux, en certains endroits on pouvait prendre des ânes, et Doubdan nous apprend que près de Lyon, à Saint-Symphorien, « se trouvait une poste aux ânes. »

Un pèlerin comme Doubdan ne pouvait manquer de visiter la Sainte-Baume, avec les sentiments de vénération que les traditions pieuses qui s'y rattachaient devaient inspirer aux fidèles. Il monta, lui aussi, au Saint-Pilon, qui tirait son nom d'un pilier, sur lequel sept fois par jour les anges auraient élevé sainte Madeleine pour lui faire entendre une céleste musique. La descente de cette montagne rocailleuse fut difficile ; la nuit survint ; le pèlerin et ses compagnons de route durent s'arrêter dans un village où ne se trouvait aucune hôtellerie. Un « pauvre bonhomme » voulut bien cependant leur offrir l'hospitalité dans sa cabane ; il leur servit un peu de merluche à l'huile et des fèves bouillies, arrosées de vin, qu'il se procura chez un voisin. La soirée se passa plus gaiement qu'on ne pouvait l'espérer, et, le lendemain, les voyageurs emmenèrent « le pauvre bonhomme » avec eux à Toulon, pour lui faire tirer les rois, dont c'était précisément la fête.

Il est à remarquer que c'est pendant la période que nous avons désignée sous le nom d'âge des voitures que les pèlerinages cessèrent presque entièrement. C'est l'époque où l'influence de la bourgeoisie domine de plus en plus dans l'État et dans les mœurs ; influence sage, prudente, avisée, mais qui répugne aux grands élans et aux grands entraînements. Il y eut bien encore quelques pèlerins obscurs, comme ceux que l'Anglais Wraxall rencontrera au mont Saint-Michel, il y eut toujours des sanctuaires vénérés, comme ceux de la Sainte-Baume et de Notre-Dame de Liesse ; mais il faudra, pour montrer de nouveau la route de Jérusalem, attendre Chateaubriand et son admirable *Itinéraire* ; il faudra, pour raviver les lointains voyages, inspirés par une foi ardente, que les chemins de fer puissent transporter aux extrémités de la France des milliers de pèlerins.

VII

PRINCESSES ET GRANDES DAMES EN VOYAGE. — LA
DUCHESSE DE LONGUEVILLE (1646-1647). — LA GRANDE
MADEMOISELLE (1652). — LA MARQUISE DE SÉVIGNÉ
(1671-1689). — LA COMTESSE D'AULNOY (1679).

1

Les étudiants, les savants, les pèlerins, dont nous venons de parler, voyageaient modestement, surtout si l'on compare leur train à celui d'une princesse du sang comme la duchesse de Longueville. Celle-ci se rendit en 1646 à Munster, pour rejoindre son mari, qui figurait parmi les plénipotentiaires chargés de négocier la paix avec les puissances allemandes. Parmi les personnes de sa suite se trouvait un chanoine de Paris, Claude Joly, qui nous a laissé un récit fidèle de son voyage[1]. Grâce à lui, nous pouvons l'accompagner jusqu'à la frontière.

La princesse est en carrosse. Elle a en plus deux carrosses de suite, et sans doute une escorte de gentilshommes et de valets à cheval. Un maréchal des logis

[1] *Voyage fait à Munster en Westphalie et autres lieux voisins en 1646 et 1647*, par M. Joly, chanoine de Paris, 1670, in-12.

les précède, pour faire les logements. Quelquefois l'on part tard et l'on arrive de même, selon la mode des grands, qui font de la nuit le jour. C'est le chanoine Joly qui fait cette remarque. Il est vrai que l'obscurité a des inconvénients ; avant d'arriver à Coulommiers, il en fait l'expérience ; le carrosse, où se trouve le chanoine, perd de vue les deux autres et s'égare. A Coulommiers, la duchesse était encore chez elle ; le château, qui lui appartenait, était un des plus beaux de France. Le grand nombre de statues de femmes dont il était orné l'avait fait qualifier de Palais des Fées. Le lendemain, on se rendit à Château-Thierry ; de là à Dormans ; la quatrième étape fut Reims. Partout on rendait les plus grands honneurs à la princesse. Les gouverneurs des villes venaient au-devant d'elle, à la tête de jeunes gens à cheval : celui de Reims, qui la rencontra à une lieue de la ville, avait avec lui environ soixante-dix cavaliers et quatre carrosses. L'archevêque arrivait, de son côté, dans un carrosse attelé de six chevaux blancs et suivi de quatre pages bien montés. Dans certaines villes, comme à Rethel, les habitants sont en armes et tirent le canon à l'arrivée de la duchesse. Mais rien n'égala la magnificence et l'éclat de son entrée à Munster. La femme de l'ambassadeur qui représentait la France ne pouvait déployer trop de luxe pour soutenir l'honneur de son rang et de sa nation. Quatorze carrosses, couverts de velours brodé et passementé d'or et d'argent, vingt à vingt-cinq valets de pied, seize pages à cheval, quarante ou cinquante gentilshommes, tous richement vêtus, escortaient le carrosse où la princesse et sa fille resplendissaient de toutes leurs pierreries, qu'on estimait cent mille écus.

Avec un pareil train, on voyageait aussi majestueusement que lentement. Claude Joly a le temps d'observer les curiosités des villes où l'on s'arrête. Il décrit particulièrement Reims, Mézières, Charleville, Sedan. La régularité des rues de ces deux dernières villes lui paraît digne d'éloges. La richesse des villes fait contraste avec l'aspect des campagnes, qui ont été dévastées par les récentes guerres. On rencontre près de Sedan une bande de paysans conduits par leur curé, et portant tous le fusil sur l'épaule pour garder leurs bestiaux. « Ces bonnes gens, dit Claude Joly, firent par honneur quelque temps escorte à Madame. »

On revint, en 1647, par Valenciennes, Chauny, Compiègne et Chantilly. A Valenciennes, le chanoine remarque « que le gouvernement y est si bon que ceux de Nuremberg y envoyèrent des gens exprès pour se régler dessus ». Cela faisait honneur à l'administration municipale de Valenciennes. Le retour s'accomplit avec le même cérémonial et la même magnificence que l'aller. La table était richement apprêtée. Le vendredi saint, on n'y servit que des légumes, « mais si bien déguisés et sophistiqués par l'adresse des cuisiniers, » que le chanoine « ne fit jamais meilleure chère ». Il en tire cette moralité que « les pénitences des hommes ne sont souvent que des cérémonies extérieures, principalement dans les grandes maisons, où la délicatesse et la volupté se trouvent toujours... ».

On pourrait citer, au XVIIᵉ siècle, d'autres voyages de grandes dames, en dehors des voyages officiels des princes et des hauts dignitaires, qu'on ne saurait ranger parmi les voyageurs proprement dits. Tel était le train de la marquise de Montespan, lorsqu'elle se rendit en 1676 aux eaux de Bourbon. « Elle est dans un carrosse à six chevaux, écrit Mme de Sévigné ; elle a un carrosse derrière, attelé de même, avec six femmes ; elle a deux fourgons, six mulets et dix ou douze hommes à cheval, sans ses officiers ; son train est de quarante-cinq personnes. Elle trouve sa chambre et son lit tout prêts ; elle se couche en arrivant, et mange très bien. » A son retour, elle s'embarqua à Moulins, sur un bateau peint et doré, meublé de damas rouge, avec « mille chiffres, mille banderoles de France et de Navarre ». C'était l'intendant qui l'avait fait préparer, et Mme de Sévigné ajoute que « jamais il n'y eut rien de plus galant[1] ».

II

. Les princesses elles-mêmes voyageaient rarement avec un pareil luxe ; il arrivait même des circonstances, aux époques de guerre civile ou de guerre étrangère, où il leur fallait se contenter de modes de transports et de gîtes qui auraient pu répugner à de simples dames de qualité. Mlle de Montpensier[2], la grande Mademoiselle, quitta Paris en 1652, dans un carrosse sans armes, à deux chevaux, accompagnée de laquais vêtus de gris ; on partait tard ; on arrivait au milieu de la nuit dans des châteaux où l'on n'était pas attendu. On passait la nuit à faire rôtir des poulets et des pigeons pour les provisions du lendemain. On s'arrêtait dans des auberges de village. A Sourdun, Mademoiselle

[1] Lettres des 15 mai et 8 juin 1676.
[2] *Mémoires de mademoiselle de Montpensier*, édition Chéruel, 1859, 4 vol. in-12.

s'amuse de la conversation d'un bon Père capucin, qui l'a souvent vue, mais qui ne la reconnaît pas, parce qu'elle porte un masque, selon la mode du temps. Le masque était commode pour garder l'incognito ; pressée de l'ôter, Mademoiselle s'excuse en disant qu'elle vient d'avoir la petite vérole. Cet étrange voyage se termine à Saint-Fargeau, où la princesse doit séjourner. Elle y arrive à 2 heures du matin, et elle est stupéfaite de l'état de délabrement du « plus beau de ses châteaux ». C'est une vieille maison, sans portes, ni fenêtres ; dans la cour, l'herbe pousse jusqu'aux genoux. On la mène dans une chambre où il y a un poteau au milieu ; Mademoiselle est saisie d'une telle horreur qu'elle va coucher à deux lieues de là, chez un de ses régisseurs.

Dans ses nombreux voyages, qu'elle fit seule et à la suite de la cour, elle rencontra des gîtes de tout genre. Tantôt, elle descend chez un évêque absent, dont le palais est meublé le plus commodément du monde, et où elle se donne le plaisir de danser jusqu'à minuit, avec les plus jolies filles de la ville ; tantôt, elle loge dans de bonnes maisons de gentilshommes, comme à Apt, où, selon la coutume des pays, les gens de qualité résident habituellement. Mais que de tristes gîtes dans certains villages, dans les villes mêmes, où s'arrête la cour ! A Perpignan, il n'y a pas de cheminée dans les chambres, et Mlle d'Orléans est obligée de faire sécher sa chemise au feu de la cuisine. Ici, elle est forcée de coucher dans un cabinet sans cheminée ; là, elle est installée dans une vieille maison qui tombe ; au-dessus de son lit, il y a un trou dans le plafond. Au milieu de la nuit, un grand bruit la réveille ; c'est un tremblement de terre. Elle eut pourtant moins peur que dans une maison de Lorraine, qu'on disait hantée par les esprits. En Franche-Comté, elle a pour logis une petite maison de village sans fenêtres : la grande Mademoiselle est forcée « de se coiffer par le jour de la porte ». On lui assigne, pour la nuit, un château, dont toutes les vitres sont brisées et dont les planchers ont été enlevés pour le service de l'artillerie ; elle couche enfin dans une chambre de chaumière, qu'on peut garnir de tapis et de tapisseries, mais si basse, qu'il faut faire des trous pour y mettre les pieds de son lit.

Ces voyages, parfois accidentés, pouvaient être aussi des promenades triomphantes ou charmantes. En 1658, Mademoiselle quitte Paris à la suite du roi ; le temps est beau, les chemins sont bons ; on laisse ses carrosses en arrière, et l'on s'avance agréablement à cheval jusqu'à Auxerre. Mais ailleurs il faut subir des ennuis de tous genres ; on passe des gués si profonds que l'eau entre par les portières du carrosse. Les routes sont mal tracées. Après avoir dîné dans un château, Mademoiselle part pour les eaux de Forges, situées à huit petites lieues. Bien qu'elle ait un guide, elle s'égare ; la nuit la surprend dans un bois ; elle ne peut en sortir qu'au point du jour, et elle arrive à Forges à 4 heures du matin. Au lieu de se coucher, elle se décide à aller entendre la messe chez les capucins, et rencontre en chemin leur supérieur, qui lui fait une harangue. « J'en fus surprise, dit-elle, car je ne pensais pas que jamais on en eût fait à une telle heure. »

Les eaux de Forges étaient alors en vogue. Mademoiselle décrit la vie « assez douce » qu'on y mène. On se lève à 6 heures ; on va à la fontaine ; on boit jusqu'à 8 heures ; on se promène dans le jardin, on va à la messe ; on fait sa toilette pour le dîner, qui a lieu a midi. A 3 heures, les comédiens que Mademoiselle a fait venir de Rouen donnent une représentation. Après le souper, qui a lieu à 6 heures, on va entendre les litanies chez les capucins ; puis on se promène jusqu'à 9 heures, où l'on se couche [1]. Sauf la messe et les litanies, la vie des eaux n'a guère changé depuis ce temps.

Mademoiselle a fait quelques observations dans ses voyages : elle a vu les religieuses de Perpignan coquettes et fardées ; elle a vu danser les juifs de Metz et visité leur synagogue. Nancy est une assez belle ville, « c'est-à-dire qu'elle a l'air d'une ville à la campagne. » Bayonne et Saint-Jean-de-Luz lui ont plu. La Provence ne l'a pas charmée ; c'est un « pays assez vilain » ; l'ail y est admirable. A Marseille, elle ne peut s'habituer à la vue des galériens qu'on rencontre enchaînés dans les rues. Elle se promène sur une des galères du roi, qui sont peintes, dorées et garnies de jolies chambres. On pêche force poissons inconnus et pour la plupart très mauvais ; le mal de mer survient, et la partie finit avec une sorte de tristesse, qu'augmente la vue des galériens, qui rament ; « cette quantité d'hommes nus, sans chemises, hors une espèce de caleçon, rasés, noirs du soleil, cela est affreux : enchaînés, cela donne une idée de l'enfer, on a horreur et pitié. » Il faut réfléchir que ce sont de méchantes gens pour les plaindre un peu moins. Les voyages avaient quelquefois l'avantage de faire connaître aux grands des misères que sans eux ils n'auraient point soupçonnées.

[1] On peut comparer ce tableau avec celui que Mme de Sévigné trace de la vie de Vichy, dans sa lettre du 20 mai 1676.

III

Les femmes ne voyageaient guère alors pour voir des monuments et des pays nouveaux. Les princesses allaient de ville en ville, souvent dans un but politique ; les femmes de qualité se déplaçaient pour aller passer quelque temps dans leurs châteaux, pour prendre les eaux, pour visiter leurs parents et leurs amis. Telle était Mme de Sévigné, qui fit d'assez fréquents voyages en Bretagne, en Provence et dans le Bourbonnais. Les grands trajets l'étonnent quelque peu. « Vous me prendrez pour un oiseau, » écrit-elle un jour où elle est allée de Bretagne en Provence ; mais cent ou cent cinquante lieues ne l'effraient point trop ; elle s'efforce de les faire le plus commodément du monde. Elle s'installe le mieux qu'elle peut dans un carrosse à quatre chevaux, escorté de deux laquais à cheval ; pour charmer les ennuis de la route, elle a un compagnon ou une compagne de voyage ; elle lit ou se fait lire Virgile, l'*Histoire des Vizirs* ou la *Vie du duc d'Épernon*. L'été, on part à 2 heures du matin pour éviter la chaleur ; on s'arrête longtemps pour dîner ; on fait la sieste sur la paille ou sur les coussins du carrosse ; on arrive avant la nuit à la couchée. Les étapes sont de six à dix lieues. Les gîtes laissent parfois à désirer. En 1673, on s'arrête à six lieues de Lyon, dans « un petit chien de village, qui rendrait triste si on ne l'était pas ». Qu'y faire ? « Il n'y a rien, écrit la marquise, c'est un désert ; je me suis égarée dans les champs pour chercher l'église ; j'ai trouvé un curé un peu sauvage et un commis... qui m'a promis de vous faire tenir cette lettre. » Dans ces petites localités, il faut se résigner à causer avec l'hôtesse, comme celle de Villeneuve Saint-Georges, qui avait marié sa fille loin d'elle et la regrettait toujours; il faut utiliser les heures de repos un peu longues des voyages à petites journées, en s'entretenant avec quelques bonnes gens, tout en s'étonnant un peu qu'ils aient les mêmes sentiments que les gens de la cour et de la ville.

Le carrosse est d'ordinaire d'allure calme. Par exception « il va comme le vent ». Cela peut dépendre des routes. Aux environs de Nevers, « c'est une chose extraordinaire; ce sont des mails et des promenades partout, toutes les montagnes aplanies... Les intendants ont fait merveille. » Mais si l'on sort des grands chemins, il faut mettre pied à terre, de peur de verser dans des ornières effroyables. Le long du Rhône, le fleuve a débordé; les chevaux se mettent à nager, et l'eau entre dans le fond du carrosse. Il y a d'autres accidents. Un jour, l'essieu casse. Un gentilhomme campagnard arrive à la rescousse. Lui et sa femme, c'étaient les véritables portraits de M. et de Mme de Sottenville. « Nous fûmes deux heures dans cette compagnie, écrit la marquise, sans nous ennuyer, par la nouveauté d'une conversation et d'une langue entièrement nouvelles pour nous. Nous fîmes bien des réflexions sur le parfait contentement de ce gentilhomme de qui l'on peut dire :

> Heureux qui se nourrit du lait de ses brebis,
> Et qui de leurs toisons voit filer ses habits. »

Quand on le peut, on quitte les grands chemins pour les rivières. On descend la Loire ou le Rhône. En arrivant à Orléans, « voilà vingt bateliers autour de nous, chacun faisant valoir la qualité des personnes qu'il a menées et la bonté de son bateau ; jamais les couteaux de Nogent et les chapelets de Chartres n'ont fait plus de bruit. Nous avons été longtemps à choisir; l'un nous paraissait trop jeune, l'autre vieux ; l'un avait trop envie de nous avoir, cela nous paraissait d'un gueux dont le bateau était pourri. Enfin la prédestination a paru visible sur un grand garçon fort bien fait, dont la moustache et le procédé nous ont décidés. » Mais les eaux sont basses, et à chaque instant on s'engrave. Le soir, on ne peut aborder à l'hôtellerie, qui est à deux cents pas. Enfin, à minuit, on est accueilli dans une maison plus pauvre, plus misérable qu'on ne peut le représenter. « Nous n'y avons trouvé, écrit la marquise, que deux ou trois vieilles femmes qui filaient, et de la paille fraîche, sur quoi nous avons tous couché sans nous déshabiller. J'aurais bien ri, sans l'abbé que je meurs de honte d'exposer ainsi à la fatigue d'un voyage. Nous nous sommes rembarqués à la pointe du jour, et nous étions si parfaitement établis dans notre gravier, que nous avons été près d'une heure avant que de reprendre le fil de notre discours ; nous voulons, contre vent et marée, arriver à Nantes ; nous râmons tous .. »

Malgré le coucher sur la paille, malgré l'obligation de ramer, on préférait encore le bateau au carrosse. Le progrès fut, comme Mme de Sévigné le fit en 1680, d'installer son carrosse sur le bateau et de s'installer soi-même dans le carrosse, le grand carrosse, où douze personnes pouvaient tenir. Il était placé de manière que le soleil n'avait point entrée dedans. « Nous avons baissé les glaces, écrit la marquise charmée de son

invention : l'ouverture de devant fait un tableau merveilleux ; les portières et les petits côtés nous donnent
tous les points de vue qu'on peut imaginer. Nous ne
sommes que l'abbé et moi dans ce joli cabinet, sur de
bons coussins, bien à l'air, bien à notre aise ; tout le
reste, comme des cochons sur la paille. Nous avons
mangé du potage et du bouilli tout chaud ; on a un
petit fourneau, on mange sur un ais dans le carrosse
comme le roi et la reine. Voyez, je vous prie, comme
tout s'est raffiné dans notre Loire... » Et elle jouit à
loisir des charmes du paysage, qu'elle ne cesse d'admirer. La beauté de cette rivière, dit-elle, fait ma
principale occupation. « Je ne m'accoutume pas, écrit-
elle ailleurs, à la beauté de ce pays. Vous en seriez
surprise vous-même, comme si vous ne l'aviez jamais
vu. Il y a des âges où l'on ne regarde que soi. »

On ne saurait refuser à Mme de Sévigné le sentiment
de la nature. Mais elle préfère, comme son siècle, la
nature aimable et pour ainsi dire tempérée à la nature
grandiose ou sublime. Elle aime, comme Mme Deshoulières, les prés fleuris qu'arrose la Seine. Aux environs
de Rouen, « ses bords n'en doivent rien à ceux de la
Loire, dit-elle ; ils sont gracieux ; ils sont ornés de maisons, d'arbres, de petits saules, de petits canaux, qu'on
fait sortir de cette grande rivière. En vérité, cela est
beau... » Les bords du Rhône la charment moins ; elle
n'aime point les alentours de Bourbon-l'Archambault ;
« ce pays est bas et couvert comme la Bretagne. » On
ose égaler Vichy à Bourbon, comme si l'on pouvait
« comparer le plus charmant pays du monde au plus
vilain et au plus étouffé ». Quant à Vichy, c'est une
idylle ! « La beauté des promenades est au delà de ce
que je puis dire, » écrit-elle en 1673. Et plus loin : « Je

vais être seule, et j'en suis fort aise ; pourvu qu'on ne m'ôte pas le pays charmant, la rivière d'Allier, mille petits bois, des ruisseaux, des prairies, des moutons, des chèvres, des paysannes qui dansent la bourrée dans les champs, je consens de dire adieu à tout le reste. La beauté du pays seul me guérirait. »

Les grands aspects de la nature la touchent moins. Sur la route d'Aix à Marseille, « l'endroit, d'où elle découvre la mer, les bastides, les montagnes et la ville est une chose étonnante ; » mais elle est surtout ravie d'une certaine Mme de Montfuron. La comparaison aurait de quoi surprendre, si l'on ne savait que la marquise de Sévigné aime avant tout la société aimable. Dans les villes, elle ne s'occupe en aucune façon des monuments ; elle traverse Rouen sans en dire un mot, mais Marseille lui plaît : « Je demande pardon à Aix, mais Marseille est bien plus joli, et plus peuplé que Paris à proportion ; il y a cent mille âmes au moins... » et puis elle y est si bien accueillie ! En sa qualité de belle-mère du gouverneur de la province, elle reçoit des présents et des hommages ; l'évêque lui offre un très bon repas ; le gouverneur lui « donne des violons » accompagnés de « masques plaisants ». Le lendemain, elle écrit à sa fille : « J'ai été à la messe à Saint-Victor avec l'évêque ; de là par mer voir la Réale, et l'exercice, et toutes les banderoles, et des coups de canon, et des sauts périlleux d'un Turc ; enfin, l'on dîne, et après-dîné, me revoilà sur le poing de M. de Marseille, à voir la citadelle et la vue qu'on y découvre ; et puis à l'arsenal, voir tous les magasins et l'hôpital ; et puis sur le port, et puis souper chez ce prélat, où il y avait toutes sortes de musique. »

A vrai dire, Mme de Sévigné n'est pas une voya-

geuse ; c'est une femme du monde de l'esprit le plus
délié et le plus délicat, qui effleure tout sans trop
approfondir. Elle a un faible pour les grands seigneurs
et les hauts fonctionnaires. Comme elle semble charmée de voyager avec la duchesse de Chaulnes, « dans
le meilleur carrosse, avec les meilleurs chevaux, la
plus grande quantité d'équipages, de fourgons, de cavaliers, de commodités, de précautions qu'on puisse
imaginer ! » Comme elle sait apprécier les « grands et
bons soupers maigres », les « dîners gras à perfection » que lui offrent les intendants et les gouverneurs !
C'est surtout l'aristocratie que dépeint Mme de Sévigné
avec le charme incomparable qui distingue son style.
Elle excelle, comme ses pareilles, à décrire le spectacle de la cour et de la ville, même celui de la société
de province. Que de fins tableaux n'a-t-elle pas tracée
de la société bretonne ! Mais c'est à peine si elle s'occupe des classes moyennes ou inférieures, parce que ses
regards ne se portent pas de leur côté.

IV

Une autre femme d'esprit, la comtesse d'Aulnoy,
auteur de jolis contes de fées et d'un amusant *Voyage
d'Espagne*, a peint également sous des couleurs vives
et pittoresques la société de Bayonne [1]. Voici les jeunes
femmes de la ville, le teint brun, l'œil brillant, la
physionomie enjouée, qui viennent la voir ; quelques-
unes portent sous leur bras des petits cochons de lait,
ornés de rubans de diverses couleurs, comme ailleurs
on porte des petits chiens. On a envoyé chercher un

[1] *Relation du voyage d'Espagne*, 1re éd. 1691, t. I.

joueur de fifre et de tambourin, et, tandis que les petits cochons courent par la salle en faisant plus de bruit que des lutins, les dames et leurs cavaliers dansent un branle, agitant en cadence des cannes assez longues, de telle sorte qu'il semblait voir exécuter une sorte de pyrrhique. Après le ballet, on fit passer des bassins de confitures sèches fabriquées à Gênes, des limonades et des eaux glacées. Le soir, les dames, qui avaient été voir la comtesse d'Aulnoy, lui envoyèrent des caisses pleines de confitures et de bougies, avec plusieurs pièces de toile. Ce linge, fabriqué dans le pays, était admirable ; et la voyageuse avait remarqué, en traversant les Landes, que dans les chaumières de paysans, qui faisaient compassion par leur extrême pauvreté, on donnait d'aussi belles serviettes que celles que les gens de qualité possèdent à Paris. Mme d'Aulnoy ne voulut point paraître moins généreuse que les dames de Bayonne ; elle s'empressa de leur faire distribuer des rubans et des éventails.

C'est en litière qu'elle partit pour Madrid ; en sortant de Bayonne, elle est rançonnée par les gens de la douane ; elle est mise à contribution par les musiciens de la ville, qui lui assourdissaient les oreilles d'une manière plus bruyante qu'harmonieuse jusqu'à ce qu'elle leur ait donné quelque argent. Saint-Jean-de-Luz lui parut le plus grand bourg de France et le mieux bâti. A l'hôtellerie, où les prix étaient modérés, la table était couverte de pyramides de gibier ; mais les matelas de laine étaient remplacés par deux ou trois matelas de plumes de coq entassés les uns sur les autres. Mme d'Aulnoy devait bien regretter des auberges de ce genre, dans les étonnantes posadas d'Espagne, dont elle a décrit avec tant de verve la pittoresque misère.

VIII

Si les voyages d'affaires ou d'obligation pouvaient
être pénibles au XVII⁰ siècle, il n'en était pas de
même des voyages d'agrément. C'était un plaisir de
courir le monde, à cheval ou en carrosse, quand on
était jeune, intelligent et bien portant. Pour peu que
la saison ou le temps ne fût pas trop défavorable,
les trajets étaient des promenades; on faisait quatre
ou cinq lieues le matin; on s'arrêtait longuement pour
dîner; le soir, après une nouvelle course de quelques
heures, on soupait de grand appétit dans l'auberge
où l'on passait la nuit. Les gîtes n'étaient pas toujours
bons; mais on avait des dédommagements. On trouvait des amis dans les villes qu'on traversait; on en
visitait d'autres dans les maisons de campagne peu
éloignées des routes que l'on suivait. Les bons repas
alors que l'on faisait ensemble! Le doux repos, entre-
mêlé de longues causeries, qu'on goûtait avec eux!
C'est ainsi que voyageaient deux spirituels bourgeois

de Paris, Chapelle et Bachaumont[1]; c'est ainsi que voyagèrent tant de joyeux compagnons, qui les imitèrent jusque dans la manière de raconter les incidents de leur route. Ne demandez pas à ces gais touristes des observations savantes et précises, des observations pratiques; ils se sont amusés, et ils veulent amuser les autres; tout leur effort se borne à faire sourire, et ils agrémentent leur prose de petits vers, où ils cherchent le trait d'esprit plutôt que le compte rendu fidèle. Le plus sérieux enseignement qui ressort de leurs agréables badinages, c'est le spectacle même de leur propre caractère, qui met en relief par sa légèreté, son entrain, sa grâce même un des côtés les plus attrayants du caractère français de leur temps.

Les bourgeois de Paris, du temps de Molière, sont accueillis chez les grands et choyés par eux, s'ils ont de l'esprit. Le voyage de Chapelle et de Bachaumont, c'est une série de fêtes et de repas sans fin. Ils dînent chez le duc d'Orléans à Blois; sauf quelques méchants gîtes sur lesquels ils glissent dans leur récit, ils s'en vont de châteaux en châteaux; on les reconduit, à cheval ou en voiture. Et pendant leurs séjours, quels festins! Ils « s'empiffrent » quatre jours de suite chez le sénéchal d'Armagnac. Dans les villes, ils ne sont pas moins fêtés. Ils font chez l'abbé de Beauregard « de ces repas comme on n'en fait qu'à Toulouse ». S'ils visitent, à Montpellier, des précieuses assez ridicules, à Bordeaux, ils sont hébergés chez l'intendant,

---

[1] *Voyage de MM. Fran. le Coigneux de Bachaumont et Cl. Emman. Luillier Chapelle,* la Haye, 1732, in-12; imprimé en 1663 dans un *Recueil de quelques pièces nouvelles et galantes.*

qui reçoit la meilleure société de la ville ; à Agen surtout, on donne en leur honneur un souper, qui leur fait croire qu'ils sont dans un pays enchanté ; ils ne peuvent assez faire l'éloge de l'esprit et de la beauté des dames. Elles les charment encore plus que celles d'Arles qui sont propres, galantes et jolies, mais si couvertes de mouches qu'elles en paraissent un peu coquettes.

Ces gais convives, ces fins gourmets, qui le croirait, vont aux eaux ! Et quelles eaux ! des eaux inconnues, les eaux d'Encosse, « où l'on ne peut avoir d'autre divertissement que celui de voir revenir sa santé, » où l'on n'a d'autre « consolation » que de se promener, l'après-midi, « au bord d'un petit ruisseau, entre les saules et les prés les plus verts qu'on puisse imaginer. » Comme on comprend avec quel enthousiasme ces deux épicuriens quitteront les eaux pour la bonne chère, inconnue même des Parisiens, que l'on fait chez le sénéchal d'Armagnac !

Le voyage de Chapelle et de Bachaumont, écrit pour des gens du monde, a le mérite de peindre sous des couleurs aimables la société qu'on rencontrait en province autrefois. Il eut un grand succès. Il suscita de nombreux imitateurs pendant un siècle et demi. Leurs auteurs avaient mis à la mode un genre, genre pétillant, fugitif, superficiel, comme la mousse du vin de Champagne. Mais s'ils eurent le mérite de le faire apprécier, ils ne l'avaient pas créé. Ils avaient eu des devanciers.

En février 1652, cinq joyeux compagnons, armés d'épées, de pistolets et de fusils, suivis de valets porteurs de mousquetons, s'en allaient à cheval de Paris à Lyon. On était à l'époque des troubles de la Fronde.

La plupart des villes, dans la crainte des excursions des partis et des troupes, étaient gardées par les bourgeois de la milice. Presque partout on accueillit les voyageurs avec défiance, comme à Corbeil :

> Le pont était fermé d'une longue barrière ;
> Et d'entre les bourgeois un soldat fort mutin,
>   Ceint d'une grande bandoulière,
> Mit, dès qu'il nous eut vus, la mèche au serpentin ;
>   Puis d'une voix tonnante et fière :
>   Demeurez là, dit ce mastin,
>   Ou sur le champ je vous canarde.
>   Sus, caporal, hors de la garde !

A Pont-sur-Yonne, les bourgeois, après avoir refusé l'entrée de la ville, cédèrent à la vue d'une pièce d'argent qui transforma leur résistance en obséquiosité. Un cheval qui fait le tour d'une salle à manger d'auberge, un cavalier qui glisse et tombe, un chevreuil qu'on essaie de poursuivre dans un bois, et d'autres petits faits de ce genre sont les principaux incidents d'un voyage, dont un auteur anonyme a fait le récit, sous le titre des *Voyageurs inconnus*[1]. Le style en est souvent dépourvu d'élégance, comme on peut en juger par les vers que j'ai cités, et je n'y vois guère qu'une jolie description, dans le genre précieux, du grand bassin de Fontainebleau. « Le soleil qui se jouoit lors sur ce crystal mobile, dit l'auteur, faizoit de ses rayons mille petits miroirs ardans qui étinceloient dessus et nous envoyoient de doux éclairs dans les yeux. »

[1] *Les Voyageurs inconnus et autres œuvres curieuses du même autheur tant vers que prose, dédiées à Mrs. de l'Académie française*; à Paris, chez Charles de Sercy, 1655, in-16 de 178 p. — Ni Brunet, ni Barbier ne parlent de ce petit livre rare.

Les imitateurs de Chapelle et de Bachaumont valent mieux que leurs devanciers. Beaucoup de poètes se firent un plaisir de marcher sur leurs traces; tels furent Lefranc de Pompignan , Desmahis, Gresset et Bertin; mais les plus illustres d'entre eux furent à coup sûr Regnard et La Fontaine[1].

II

De tous les hommes de lettres de son temps, Regnard est celui qui a le plus voyagé. Il est allé, malgré lui, en Turquie; il n'a pas craint de pénétrer en Laponie. Les excursions en France devaient lui coûter peu. Il en a raconté plusieurs. Même dans son récit le plus sérieux, on retrouve le bon vivant. A Péronne, il remarquera que les larges marais qui l'entourent produisent des carpes et des canards renommés dans toute la France. Son *Voyage de Normandie* et son *Voyage de Chaumont* ne sont que des badinages. Le second se compose d'une série de couplets, sur un air connu. Regnard y cite toutes ses étapes, énumère les auberges où il est descendu avec sa famille et ses

---

[1] Tous ces voyages, et d'autres encore, dont nous parlerons plus loin, ont été souvent réimprimés, notamment dans un recueil publié en 1796 par la Mésangère, et intitulé *Voyages en France et autre pays, en prose et en vers,* ornés de trente-six planches, qui a eu quatre éditions. La dernière est de 1824. Antérieurement, on avait fait paraître un *Recueil amusant de voyages en vers et en prose,* faits par différents auteurs, *auquel on a joint un choix des épîtres, contes et fables morales qui ont rapport aux voyages,* Paris, 1783, 9 vol. in-12. — Je trouve aussi en 1852 une réimpression des principaux d'entre eux, sous le titre de *Petite Bibliothèque des voyages amusants,* 1 vol. in-32.

8

amis, relate les principaux incidents du voyage, chante le bon vin qu'on lui donne. Dans des auberges de village, comme au Pavillon, il a l'heureuse fortune de rencontrer un bon cuisinier. A Troyes, on le mène voir un moulin, on le conduit au bal, où l'on danse jusqu'au matin, au son « d'un rebec à l'ancienne ». A Vendeuvre, on couche chez le curé, qui fait « sa bibliothèque de son cellier ». A Chaumont, Regnard trouve un traiteur, qui dépasse tous ceux de Paris. Les couplets continuent sans fin, consacrés surtout à vanter les mérites des hôtels et des hôtelières. Le *Voyage de Normandie* a plus de valeur littéraire ; l'esprit et la gaieté y foisonnent ; mais on y chercherait en vain quelque renseignement sur les pays que le voyageur traverse et sur les gens qui les habitent. Notons cependant qu'il plaint les célestins de Mantes de boire le vin qui croît dans leur clos.

III

La Fontaine est un voyageur plus consciencieux[1]. Le fin observateur, qui a écrit *le Coche et la mouche*, ne dédaigne pas les détails vrais. Lorsqu'il se rend de Paris à Poitiers dans le carrosse, il nous fait connaître la compagnie qu'il y rencontre : Point de moines, mais un valet de pied du roi, trois femmes, un marchand qui ne disait mot, et un notaire, qui rapportait dans son pays quatre volumes de chansons, chantait toujours et chantait mal. On dîne à Châtres.

[1] *Œuvres diverses* de M. de La Fontaine, 1729, t. II, 26 à 56.

En montant la côte de Tréfou, tout le monde descend le long d'un bois qui, dit-on, fourmillait de voleurs. Vers la nuit, on arrive à Étampes ; les maisons des faubourgs, sans toits, sans fenêtres, rappellent les dégâts des guerres de la Fronde. Le lendemain, on traverse la Beauce, « pays ennuyeux, » et, sans autre distraction que la conversation des compagnons et des compagnes de voyage, on arrive à Orléans.

Cette ville est d'un bel aspect, à la regarder de la Sologne. Le mail et les autres arbres qu'on a plantés en beaucoup d'endroits le long du rempart la font paraître à demi fermée de murailles vertes. De chaque côté du pont montent et descendent des barques qui vont à voiles. Comme ces voiles sont très grandes, cela leur donne une majesté de navires, et La Fontaine s'imagine voir le port de Constantinople en petit. Il continue cependant sa route par terre ; à Cléry, où il visite le tombeau de Louis XI, qui lui semble d'assez bonne main, il est sur le point de prendre une autre hôtellerie pour la sienne, et oublie l'heure du dîner en lisant Tite-Live. Blois, qu'il atteint le lendemain, est mieux situé qu'Orléans. Il trouverait difficilement un aspect plus riant et plus agréable. La société y est fort polie ; les jolies femmes nombreuses. Il s'y trouve aussi beaucoup de bossus, moins cependant qu'à Orléans. Le fabuliste en donne plaisamment la raison ; la Beauce aurait été autrefois couverte de collines. Les habitants se plaignaient de ces « monts ». Le Sort intervint et leur dit :

> Puisqu'ils vous nuisent à vos pieds
> Vous les aurez sur vos épaules.

Le château de Blois avait été récemment habité

par Gaston d'Orléans, dont la mémoire était restée en vénération dans le pays; La Fontaine, doué d'un sentiment artistique délicat, est surtout content de la façade construite par François Ier : « Cela, dit-il, fait quelque chose de grand qui plaît assez. » Le château d'Amboise ne lui plaît pas du tout. Il n'y trouve de beau que la vue, « grande, majestueuse, d'une étendue immense. » Il s'attendrit en visitant la chambre où Fouquet avait été enfermé. Tout distrait qu'il fut, le poète avait du cœur.

Le voyage continue, sans autre rencontre que celle d'une troupe de comédiens, dont La Fontaine trace un plaisant portrait. A Port-de-Piles, on résolut d'aller voir Richelieu, qui n'en était qu'à cinq lieues; les Allemands se détournent bien pour cela de plusieurs journées. « Cette ville, créée par la volonté et la puissance du cardinal de Richelieu, devait avoir bientôt la gloire d'être le plus beau village de l'univers. » Les descendants des gens de finances, qui y avaient construit des hôtels pour plaire au premier ministre, les abandonnaient peu à peu. Quant au château, autour duquel elles étaient bâties, La Fontaine comptait en parler dans une lettre qui ne nous a pas été conservée. Malheureusement aussi, son joli récit de voyage s'arrête là.

IV

La plupart des poètes de ce temps ont voyagé. Que ne donnerait-on pas pour connaître le vrai *roman comique* de Molière, qui parcourut la France avec une troupe de comédiens semblable à celle que La Fontaine a rencontrée? Boileau a été aux eaux de Bourbon, mais la lettre dans laquelle il parle de son séjour manque de trait et d'intérêt. Il n'en est pas de même de Racine qui nous a laissé des lettres charmantes sur le voyage et le séjour qu'il fit à Uzès en 1661 et 1662. Le grand tragique raconte ses impressions avec beaucoup d'agrément à La Fontaine et à d'autres de ses amis. Il n'est point séduit par la vie de province. « Je suis confiné, écrit-il, dans un pays qui a quelque chose de moins sociable que le Pont-Euxin ; le sens commun y est rare, et la fidélité n'y est point du tout... Aussi, quoiqu'on m'ait souvent pressé d'aller en compagnie, je ne me suis pas encore produit. » Cependant il y reste tout l'été. « Je ne pourrais être un moment dehors sans mourir, écrit-il au mois de juin ; l'air est aussi chaud que dans un four allumé. Pour m'achever, je suis tout le jour étourdi d'une infinité de cigales, qui ne font que chanter de tous côtés... » Il est aussi étourdi par les vers des poètes provinciaux, qu'il compare à des pies, et il soupire après Paris, qui est non seulement le « siège des amours », mais aussi, « celui des Filles de Mémoire. »

IX

LES MOINES EN VOYAGE. — DOM MARTÈNE ET DOM DURAND (1709-1719). — LE PÈRE LABAT (1706-1709).

La plupart des religieux qui résidaient dans les monastères n'étaient point cloîtrés, et l'on en rencontrait souvent sur les routes. Lorsque La Fontaine monta dans le coche de Poitiers, il s'étonna de n'y point voir un moine. En parlant du coche dont l'attelage était stimulé par une mouche, on se souvient qu'il avait dit :

Femmes, moines, vieillards, tout était descendu.

C'est que les moines voyageaient beaucoup aux deux derniers siècles. Ils se déplaçaient fréquemment, soit pour aller prêcher, pour visiter leur famille, soit pour changer de résidence, soit enfin pour s'acquitter des missions que leurs supérieurs leur confiaient. Parmi ceux qui nous ont laissé des récits de voyage, deux bénédictins, dom Martène et dom Durand, et un dominicain, le père Labat, peuvent figurer en première ligne.

I

Les deux bénédictins ne sont pas de simples touristes ; ce sont des érudits qui voyagent pour recueillir des documents. Ils visitent les archives et les bibliothèques, ils colligent, ils copient les anciens textes, ils relèvent les inscriptions. A côté des observations savantes qu'ils ont consignées dans leur *Voyage littéraire*[1], ouvrage précieux et justement estimé, ils se sont permis quelques impressions personnelles, auxquelles ni la bonhomie, ni la véracité ne font défaut.

Les deux bons religieux s'en vont d'abbaye en abbaye, par tous les chemins, par tous les temps. Ils voyagent d'ordinaire à cheval, car il leur faut prendre des routes de traverse, où l'on risque de s'embourber et de s'égarer. Parfois la pluie les transperce, au point de rendre leur robe si lourde qu'à peine ils peuvent la porter; parfois, ils perdent leur route et ne la retrouvent qu'avec peine. Il leur faut un guide pour les conduire ou les remettre dans leur chemin[2]. Ils ont d'autres aventures; à Senez, où pourtant il y a un évêché, ils ne trouvent dans la meilleure hôtellerie

[1] *Voyage littéraire de deux religieux bénédictins*, Paris, 1717-1724, 2 vol. in-4°. — Vers la même époque, Le Brun des Marettes publia les *Voyages liturgiques de France ou recherches faites en diverses villes du Royaume...* 1718, in-8°, fig.

[2] Les paysans, à qui l'on s'adressait, renseignaient assez mal. Plus tard, sous Louis XVI, un curé voyage en Poitou; toutes les distances lui sont indiquées sous la désignation vague de *petit houpet,* et s'il demande son chemin, on lui répond : Vous le savez mieux que nous. (P. Y. Besnard, *Mémoires,* I, 179).

qu'un œuf à manger pour eux deux. Ailleurs, toutes les maisons sout occupées par des dragons de passage ; ce n'est qu'avec la plus grande peine qu'ils parviennent à rencontrer un abri pour leurs chevaux et pour eux-mêmes. Encore le doivent-ils à la charité d'un dragon, « ce qui n'est pas ordinaire chez ceux de sa profession. » Près de Die, ils se sont attardés, et ils arrivent la nuit aux abords des portes. La sentinelle crie : Qui va là ? Les bénédictins n'entendent rien, n'aperçoivent pas la porte, et longent les murailles de la ville afin d'en trouver l'entrée. La sentinelle n'ayant pas obtenu de réponse fait feu ; les gardes de la porte prennent les armes ; on tire des coups de fusil au hasard ; l'alarme est donnée ; toute la ville est sur pied ; les autorités courent sur les places publiques : on s'agite de toutes parts. Le bruit court que des camisards battent la campagne. Au milieu de ce tumulte, les deux religieux arrivent à une autre porte ; ils entrent innocemment. On les entoure ; ils demandent une hôtellerie. Le gouverneur et le subdélégué accourent ; ils les interrogent ; ils les conduisent chez l'évêque, qui, après avoir vu leurs papiers, les fait ramener à leur auberge. Le lendemain, il les reçut gaiement, en leur disant : « Vous êtes des gens suspects ; je veux avoir l'œil sur vous, et vous dînerez avec moi. »

D'ordinaire, les bénédictins étaient hébergés dans les monastères où, sauf de rares exceptions, on s'empressait de mettre les archives et la bibliothèque à leur disposition. Il en était de ces monastères comme des membres des diverses classes de la société : les uns étaient trop riches, les autres trop pauvres ; un assez grand nombre avaient des revenus appropriés à leurs besoins. Les uns, réformés avec soin, donnaient

Le départ de l'hôtellerie (XVIIᵉ siècle), d'après Van der Meulen.

l'exemple de la vertu la plus rigide ; les autres, le spectacle d'une vie trop facile et quelque peu relâchée. Les superbes abbayes de la Charité-sur-Loire, de Fontevrault, de Saint-Mihiel, de Saint-Amand et d'autres encore étalaient une magnificence qui attestait leur antique splendeur : façades de trois cent cinquante pieds de long, comme à Saint-Mihiel, réfectoire de cent trente-huit pieds de long sur soixante et un pieds de haut, comme à la Charité ; ici réfectoires d'été et d'hiver, là réfectoires pour le maigre, réfectoires pour le gras, réfectoires où il était permis de rompre le silence ; appartements séparés pour les religieux comme à Saint-Claude, « si magnifiques qu'on a peine à en trouver de si beaux pour les séculiers. » Tout ce que la richesse accumulée depuis des siècles avait pu procurer était réuni dans ces vastes installations. La vanité même s'en mêlait, et dans certaines maisons, comme à la Beaume, à Saint-Claude, à Morbach, il fallait justifier de seize quartiers de noblesse pour avoir le droit de faire profession d'humilité. Mais à côté de ces superbes constructions devenues souvent trop grandes pour les religieux, dont le nombre diminuait de jour en jour, on pouvait citer d'autres monastères dont la misère était extrême. A Vieux-Poux, près de Sens, sept pauvres religieux, vêtus d'habits tout rapetassés et chaussés de sabots, ne peuvent offrir aux deux bénédictins qu'un morceau de merluche qu'ils tenaient en réserve pour Noël. Ailleurs, c'est un prieuré réduit à un seul moine, homme austère, qui vit seul avec une servante et dont le garde-manger contient à peine quelques œufs.

Dans un assez grand nombre d'abbayes, la régularité de la discipline était digne d'admiration. C'était

dans les maisons les plus austères que les religieux et
les religieuses paraissaient les plus heureux. Plusieurs
monastères étaient situés dans des sites sauvages et
pittoresques, que nos bénédictins qualifient d'affreux.
Pour eux, les abords de la grande Chartreuse sont
horribles et stériles. Le sentiment des beautés de la
nature fait défaut à ces deux savants religieux ; ils ont
davantage celui de l'art. Ils savent admirer les belles
statues de la Renaissance. A Carpentras, ils visitent la
synagogue ; ils y entendent des psaumes chantés par
des enfants sur des airs dont « le charme les enlève ».
Les juifs, nombreux à Carpentras, étaient plus heureux
qu'à Bordeaux, où ils n'avaient pas de synagogue et où
les cordeliers avaient seuls le droit de les enterrer.

Dom Martène et dom Durand parcourent plusieurs
villes de France. Ils citent parmi les plus belles Dijon,
Marseille, Toulouse, Besançon ; mais pour eux la plus
belle de toutes après Paris, c'est sans contredit Aix.
Ce qu'ils admirent le plus dans les villes, ce sont des
rues larges et longues comme à Dijon et à Besançon.
L'hôpital de Besançon leur paraît magnifique ; la grille
a coûté 22000 livres. Un ministre, qui l'a visité, dit
que les gueux étaient les mieux logés de la ville. A
Marseille, autour du vaste port, les forçats travaillent
à des métiers divers dans de petites baraques. Nos
religieux sont naturellement bienveillants. A Dijon,
« toutes les personnes sont honnêtes ; » à Arles, « le
monde est humain, spirituel et bienfaisant ; » ils se
plaisent à relever les coutumes pieuses de Grasse. A la
suite d'un vœu de l'évêque Godeau, toutes les portes
sont ornées d'une statue de la Vierge, devant laquelle
on allume des lampes qui brûlent toute la nuit, et le
soir on chante des cantiques dans les rues.

L'ancienne piété du moyen âge se retrouve encore dans quelques provinces éloignées. A Peyrerohade, on s'embarque sur l'Adour ; en partant, les mariniers entonnent des cantiques spirituels et chantent ensuite les litanies de la Vierge. Près d'Arras, des paysans, qui mangent dans les champs, invitent les bénédictins à partager leur repas. « Nous les remerciâmes, disent ces derniers, et nous admirâmes la bonté de ces peuples et combien ils aiment les religieux. » Il paraît que partout il n'en était pas de même.

Dans leurs pérégrinations, les voyageurs signalent peu de costumes excentriques. Ils ont vu près de Saint-Sever des paysans vêtus d'un sac, auquel est attaché un capuchon, tandis que les femmes portent des dominos. Ils citent peu de traits de misère, sinon pendant la terrible famine de 1709. Ils virent à cette époque, à Autun, des pauvres tout décharnés, la peau collée sur les os, couchés sur le pavé dans les rues, crier de toutes leurs forces la faim ; plusieurs même en moururent. Heureusement les deux bénédictins n'ont pas eu souvent l'occasion de retracer de pareilles scènes.

II

Le Père Labat a également parcouru la France pendant l'hiver de 1709. Il l'a traversée à plusieurs reprises pour se rendre en Espagne et en Italie. Les récits de voyage[1] de ce dominicain ont eu une vogue

[1] *Voyage du Père Labat en Espagne et en Italie*, Paris, 1730, 8 vol. in-12. L'ouvrage du Père Labat qui a eu le plus de vogue est son *Nouveau Voyage aux îles de l'Amérique*, 6 vol., 1722.

méritée, qu'ils doivent à leur sincérité, à leur précision, à leur bonhomie quelque peu malicieuse.

En 1706, il se rendit de la Rochelle à Marseille. Il s'embarqua à Royan, « le pays des sardines par excellence, » avec son valet et ses malles. Sur sa route, il descendait dans les couvents de son ordre, qu'il décrit avec complaisance. Celui de Bordeaux était en reconstruction ; mais les Pères se gardaient bien de hâter les travaux, « parce que la ville était obligée de leur donner une certaine somme assez considérable tous les ans, jusqu'à ce qu'ils fussent achevés. » Le Père Labat, tout en signalant la finesse de ces Gascons, ne peut se défendre à leur égard de cette réflexion quelque peu ironique : « Ils souffraient patiemment, et comme il convient à de bons religieux, les murmures de la ville et des bourgeois, et allaient leur chemin. »

La ville était grande et riche, du reste, et pouvait payer. On voyait jusqu'à douze cents vaisseaux dans son port. Ses environs à plusieurs lieues à la ronde étaient très fertiles et parfaitement cultivés. Le luxe, le goût, la politesse régnaient dans la société, et le Père Labat ne croit pas qu'il « y ait un pays au monde où l'on trouve plus abondamment et plus aisément tout ce qui fait le plaisir de la table ».

De Bordeaux à Toulouse, on remontait la Garonne en barque jusqu'à Langon ; de là on continuait sa route à cheval. Le Père Labat loue deux chevaux à un prix assez raisonnable, avec un valet qui doit les ramener. Les lieues de ce pays lui paraissent doubles de celles de France[1]. La nuit, on s'arrêtait où l'on se

---

[1] Voir plus haut, p. 55.

trouvait. A une lieüe d'Agen, le voyageur est forcé de coucher dans un hameau de sept ou huit maisons, où il y a pourtant une fort bonne hôtellerie, dont le maître le régale toute la soirée d'histoires de voleurs qui courent les environs. La longueur du trajet le désole. Il entend la messe, le dimanche, dans un village des environs de Toulouse, dont les paysans chaussés de sabots font, en sortant de l'église, un tintamarre comme le dominicain n'en a jamais entendu de pareil.

De Toulouse, il continue son voyage par le canal du Midi qu'il ne peut trop admirer. On trouve sur ses bords des hôtelleries bien bâties et bien fournies aux endroits où l'on doit dîner ou coucher, avec des chapelles où il se rencontre toujours un prêtre prêt à commencer la messe quand il y a obligation de l'entendre, aussitôt que le bateau arrive. « On songe aux besoins spirituels du voyageur non moins qu'à ses besoins matériels. »

La société de ces bateaux est mélangée. La bonne compagnie y domine, mais il s'y glisse des filous. Toutes les classes s'y côtoient. Une dame de qualité se trouve à côté d'une bonne bourgeoise, qui porte un petit panier recouvert d'une serviette bien blanche. La dame, plus « curieuse encore que ne le sont les animaux de son espèce » (c'est le Père Labat qui tient ce langage malséant), presse de questions sa voisine, pour savoir ce que contient le panier. Au moment de débarquer, la bourgeoise finit par y consentir et lui montre un paquet de cordes neuves. C'était la femme du bourreau, qui allait pendre quelques voleurs dans une ville voisine.

Béziers, comme Bordeaux, est le centre d'un pays

de cocagne. Les environs sont charmants et parfaitement cultivés. L'air est pur et semble donner de l'esprit et de la vivacité à ceux qui le respirent. Les habitants aiment tous le plaisir et la bonne chère. Le beau sexe y est extrêmement enjoué et libre ; mais chez lui, le fond vaut mieux que l'extérieur. Le soir, on se réunit sur l'esplanade et l'on entend chanter de tous côtés ; les gens de Béziers se piquent de bien chanter comme ceux de Carcassonne de bien danser ; bref, le pays a de tels charmes qu'un ancien auteur aurait dit que si Dieu voulait demeurer sur la terre, ce serait à Béziers qu'il établirait son domicile.

A Agde, petite ville dont l'évêque pourrait voir tout son diocèse de sa fenêtre sans lunette d'approche, à Agde, le Père Labat s'embarque sur une tartane chargée de blé. Il couche sous une petite tente dressée au-dessus de l'écoutille. Cette tartane, frétée pour Marseille, est dirigée par un patron et un écrivain, dont l'humeur un peu rude est adoucie par les bons procédés du dominicain, qui leur donne à plusieurs reprises à dîner. En débarquant à Marseille, il fallut subir toutes les formalités du service de la santé, qui renvoya le moine du commandant de l'étendard des galères au gouverneur.

Labat, de prime abord, n'est pas enthousiaste de Marseille ; les habitants ont fait si grande profusion de leur politesse, qu'il leur en reste peu. L'ancienne ville n'a rien ou presque rien de beau. On risque d'être couvert d'ordures dans ses rues étroites, mal pavées et fort sales. Faute de commodités, on jette tout par les fenêtres, sans autre avertissement que le mot : *Passerés*, qui arrive souvent trop tard. Les églises sont laides, quoiqu'elles soient grandes et fréquentées. En revanche, la ville neuve est très belle ; le cours est bordé de maisons uniformes, en pierres de taille blanches, et à quatre étages. Le soir, tout le peuple s'y assemble pour prendre l'air, savoir des nouvelles et danser. Au premier coup de baguette sur un tambourin, filles et garçons quittent le travail ou la table pour courir danser de toutes leurs forces, en faisant en cadence les plus plaisantes postures du monde. Le Père Labat a eu souvent le plaisir d'en être témoin. Il admire aussi la gaieté de ce peuple, qui éclate jusque dans les sermons. Les Marseillais sont idolâtres de leur langue et de leur ancienne liberté ; cette langue est expressive, et les prédicateurs la font valoir par leurs gestes et leur accent. Fiers de leur patrie, les habitants se disent Marseillais avant de se dire Français [1].

Ils aiment le commerce et l'entendent en perfection, à tel point qu'ils n'oublient pas de faire des bénéfices sur les étrangers qui leur sont recommandés. Le Père Labat faillit l'apprendre à ses dépens.

Il revint cependant à Marseille en 1709 ; mais cette fois, il passa par Paris. De la Rochelle à Poitiers, il trouva dans le messager d'agréables compagnons de route, un créole du Canada, un garde marine et un capitaine qui revenait des Grandes Indes. Tous avaient beaucoup à raconter, et la conversation ne tarit point. A Paris, il arrêta une place à la diligence de Lyon moyennant 93 livres 14 sous, sans compter le poids

---

[1] On trouvera aussi une description satirique et assez curieuse de la vie qu'un jeune étranger pouvait mener à Marseille dans les *Mémoires instructifs pour un voyageur dans les divers États de l'Europe*, Amsterdam, 1738, t. II, p. 230 à 241.

9

des hardes sur lesquelles on ne faisait grâce que de
15 livres pesant. On était cinq dans le carrosse ; un
jeune capitaine fort sage, un marchand de Lyon et sa
sœur, le moine et un marchand de vin de Mâcon. Le
Père Labat soupçonne ce dernier d'avoir été ce qu'en
langage de cocher on appelait un *singe*, c'est-à-dire
un voyageur admis en fraude des droits des entrepre-
neurs, et s'esquivant comme un singe, lorsqu'il ris-
quait d'être aperçu par les inspecteurs.

On était à la suite du cruel hiver de 1709 ; depuis
la Rochelle, les pauvres couvraient les chemins, mangeant des herbes, comme les glaïeuls qui leur faisaient
enfler la bouche d'une manière horrible et doulou-
reuse. Les voyageurs leur distribuaient, par les portières du carrosse, du pain qu'ils avalaient sans mâcher,
tant la faim les pressait. A Lyon, on rationnait le pain
qui était noir et pesant, et l'on n'en donnait qu'une
livre par tête. Le nombre des pauvres diminua, en
approchant de la Provence, que le religieux gagna par
eau ; mais l'aspect de la campagne était triste ; les
noyers étaient morts et les oliviers, comme les vignes,
avaient beaucoup souffert du froid.

Le 23 mai, le Père Labat arrivait à Aix, où il visita
le cours, le palais et le couvent de son ordre. Il gagna
Marseille dans une calèche étroite, où il fut enfermé
avec un très gros homme. Le gros homme ne parlait
que le provençal, de sorte que le moine eut le loisir
de prier Dieu et de dormir une bonne partie du chemin. Il eut la bonne fortune de trouver un navire en
partance, à Marseille, où la famine régnait encore, et
où l'on croyait la conjurer en distribuant le pain dans
des bureaux spéciaux.

X

MAGISTRATS EN VOYAGE. — LEFRANC DE POMPIGNAN
(1740). — CHARLES DE BROSSES (1739-1740). —
DU PATY (1785).

Si les jeunes gens étaient parfois sérieux comme
Silhouette et Delahante, en revanche, certains magistrats, lorsqu'ils avaient quitté leur résidence, se con-
sidéraient comme en vacances et pouvaient se livrer à
la franche gaieté, qui était l'un des caractères de leur
temps. Voyez l'avocat général Lefranc de Pompignan,
poète lyrique et sacré, partant en chaise avec le marquis de Mirabeau et l'abbé de Monville pour visiter le
Languedoc et la Provence[1]. Sa suprême ambition est
d'imiter la prose et les petits vers de Chapelle et de
Bachaumont. Il écrit à une dame, badinant sans trop
de malice sur les moines bons vivants de Vallemagne,
se félicitant du repas qu'ils lui servent, admirant leur
cloître semblable à une décoration d'opéra, leur fontaine digne d'être décrite par l'Arioste ; de là, visitant
Nîmes, le pont du Gard, Avignon ; s'extasiant sur le
riche aspect du Comtat et de la Provence ; louant Aix
et Marseille, les bastides et l'arsenal de cette dernière

---

[1] *Voyage de Languedoc et de Provence fait en 1740*, in-12.

ville, et chantant les jardins d'Hyères, dont les fleurs
et les fruits sont d'un si grand rapport pour les habitants. Le château d'If fournit surtout à notre grave
voyageur l'occasion de le décrire en vingt-sept vers
dont la rime est en if.

Charles de Brosses cherche moins le trait d'esprit
que Pompignan, et le trouve davantage. Ses lettres[1]
vives, alertes, pleines de verve, sont écrites sans préoc-
cupation littéraire ; mais quel entrain, quel accent de
vérité chez le jeune et fringant magistrat bourguignon ! De Dijon à Antibes, il se sert de tous les modes
de transport : la chaise de poste, le cheval, le coche
d'eau, la carriole traînée par des mules. Le « benoît
coche », qui descendait de Lyon à Avignon, s'arrêtait
la nuit ; on couchait dans des villes ou des villages, tels
que Condrieux et Ancone ; le jour, au mois de juin, on
étouffait dans la cabine. « Nous n'y fûmes pas un instant, dit de Brosses, sans représenter au vrai les enfants dans la fournaise. » Cependant, on admirait les
rives du fleuve et le beau pont du Bourg-Saint-Andéol.
Avignon est alors, comme on le sait, une possession
papale ; elle est gouvernée par un vice-légat qui porte
un habit de scaramouche, et se promène dans un carrosse doré, peint par Parrocel, entouré de ses gardes
suisses galonnés d'argent sur toutes les coutures. Aix,
que l'on compare à Dijon, est, d'après de Brosses, la
plus jolie ville de France après Paris. Il n'y a pas,
comme à Dijon, de beaux équipages courant tout le
jour dans les rues ; « mais bien quantité de belles
chaises à porteurs toutes dorées, armoriées et doublées
de velours. » On assure que toutes les maisons sont

____

[1] *Lettres écrites d'Itali*, en 1739 et 1740, 2 vol.

meublées à merveille. Le cours, justement renommé, forme une promenade où les hommes affluent; les femmes préfèrent le jeu, même la comédie, qui reste déserte.

La Provence ne charme pas notre futur président. Il n'a trouvé le pays ni aussi chaud, ni aussi beau qu'il s'y attendait. Il n'y croît ni blé ni bois. On y trouve à chaque pas l'agréable et jamais le nécessaire. A parler net, ce n'est qu'une « gueuse parfumée ». Marseille est cependant une ville pleine de mouvement et de richesse. Dans les quartiers neufs, les maisons ont d'agréables façades sur la rue. « Le port est une de ces choses qu'on ne trouve que là. » Le quai est garni de boutiques où l'on vend surtout des marchandises du Levant, et de petites baraques, où les forçats enchaînés se livrent à tous les métiers imaginables. Le parc, où sont les ateliers de la marine desservis par les forçats, attire l'attention du magistrat, qui sait décrire d'ailleurs avec compétence les monuments et les objets d'art qu'il voit.

Point de voitures à Marseille, des chaises à porteurs seulement. Les piétons marchent à l'ombre des toiles que les habitants tendent d'une maison à l'autre, à travers la rue. La salle de comédie est grande et bien ornée, mais il n'y va qui que ce soit. Il est vrai de dire qu'on était alors au mois de juin.

De Toulon au Luc, on suit un large vallon rempli d'oliviers et de vignes, « dans les interstices desquelles on élève, par curiosité, des plantes de froment. » Tout cela a le défaut d'être fort sec. A Cuers, les petits garçons dansent et chantent à la provençale, sous les yeux des voyageurs. A Pignon, on fait payer à ces derniers dix francs une demi-douzaine d'œufs. Le savant magistrat ne dédaigne pas les détails réels, et sait au besoin les relever par des traits piquants.

Il ne faut pas croire que tous ses collègues aient écrit de même. Il en est qui restent solennels en voyage, comme le président du Paty, qui traverse la Provence en 1785[1]. Celui-ci est sentencieux, déclamatoire et prétentieux. Il façonne des phrases avec art, il combine des antithèses, il se complaît dans des comparaisons fades. Mille ruisseaux coulent dans Toulon. « On prendrait Toulon pour une fontaine, » dit du Paty, qui fait cette belle réflexion, « que cette quantité d'eau rend un peu plus froid l'hiver, mais rafraîchit l'été. » Du Paty s'étend sur les galériens : « Ils ne sont pas mal traités, dit-il ; ils travaillent et on les paie. Chose horrible ! il y a peut-être dix millions d'hommes en France qui seraient heureux d'être aux galères, s'ils n'y étaient pas condamnés. » Était-ce bien certain, et le désir de faire une phrase à sensation n'a-t-elle pas entraîné le président au delà du vraisemblable ?

[1] *Lettres sur l'Italie*, 1788, 2 vol. in-18.

XI

VOYAGEURS A PIED. — JEAN-JACQUES ROUSSEAU. (1732-1739). — WILLE (1736).

Bien que les chaises de poste, les coches de terre et d'eau se fussent multipliés, on voyageait encore à cheval et à pied ; les voitures étaient d'un prix relativement élevé ; elles allaient d'ordinaire si lentement qu'il y avait peu d'avantage à les prendre pour gagner du temps. Plus d'un petit bourgeois évitait d'y recourir, comme le principal du collège de Doué, qui, tous les ans, pendant les vacances, faisait un voyage à pied avec son économe. Il appartenait à Rousseau d'ériger en système un mode de voyager qui était pour beaucoup une nécessité, et de faire passer pour un plaisir ce qui n'avait été regardé jusque-là que comme une corvée.

I

Tout le monde sait avec quel charme il a parlé des voyages à pied. Quoique le passage soit bien connu, on ne peut se défendre d'en reproduire quelques extraits. « Combien de plaisirs différents, s'écrie-t-il, on rassemble par cette agréable manière de voyager ! Sans compter la santé qui s'affermit, l'humeur qui s'égaye.

J'ai toujours vu ceux qui voyageaient dans de bonnes voitures bien douces rêveurs, tristes, grondans ou souffrans ; et les piétons toujours gais, légers et contens de tout. Combien le cœur rit quand on approche du gîte ! Combien un repas grossier paraît savoureux ! Avec quel plaisir on se repose à table ! Quel bon sommeil on fait dans un mauvais lit ! Quant on ne veut qu'arriver, on peut courir en chaise de poste ; mais quand on veut voyager, il faut aller à pied[1]. »

Rousseau voyait sans doute les charmes réels de cette manière de voyager, à travers le prisme de ses souvenirs de jeunesse. « Je n'ai voyagé à pied, dit-il dans ses *Confessions*, que dans mes beaux jours, et toujours avec délices. Bientôt les devoirs, les affaires, un bagage à porter, m'ont forcé de faire le monsieur et de prendre des voitures. » En 1732, il était allé de Soleure à Paris, à pied et en quinze jours. Il revint de même à Genève. Il ne pouvait plus tard s'empêcher de regretter de n'avoir pas fait des journaux de ses voyages. « Jamais, dit-il, je n'ai tant pensé, tant existé, tant vécu, tant été à moi, si j'ose ainsi dire, que dans ceux que j'ai faits seul et à pied. » Joignons nos regrets à ceux de Rousseau. Que d'observations originales, que de tableaux tracés avec ce charme de style qui le distingue, il eût pu nous laisser ! Comme il eût su décrire les mœurs populaires, si dédaignées d'ordinaire ! Dans ses voyages à pied, il frappait le soir à la porté des pauvres chaumières ; il y pénétrait et pouvait apprendre comment on y vivait.

« Un jour entre autres, dit-il en racontant un de ses voyages de Paris à Lyon, m'étant à dessein détourné

[1] *Émile*, IV, 130 à 132.

pour voir de près un lieu qui me parut admirable, je
m'y plus si fort et j'y fis tant de tours que je me per-
dis tout à fait. Après plusieurs heures de course inutile, las et mourant de soif et de faim, j'entrai chez un
paysan dont la maison n'avait pas belle apparence;
mais c'était la seule que je visse aux environs. Je
croyais que c'était comme à Genève ou en Suisse, où
tous les habitants à leur aise sont en état d'exercer
l'hospitalité. Je priai celui-ci de me donner à dîner en
payant. Il m'offrit du lait écrémé et du gros pain
d'orge, en me disant que c'était tout ce qu'il avait. Je
buvais ce lait avec délices, et je mangeais ce pain,
paille et tout; mais cela n'était pas fort restaurant
pour un homme épuisé de fatigue. Ce paysan, qui
m'examinait, jugea de la vérité de mon histoire par
celle de mon appétit. Tout de suite, après avoir dit
que j'étais un bon jeune homme qui n'était pas là pour
le vendre, il ouvrit une petite trappe à côté de sa cuisine, descendit, et revint un moment après avec un
bon pain bis de pur froment, un jambon très appétis-
sant, quoique entamé, et une bouteille de vin dont l'aspect me réjouit le cœur plus que tout le reste; on joi-
gnit à cela une omelette assez épaisse, et je fis un dîner
tel qu'autre qu'un piéton n'en connut jamais. Quand
ce vint à payer, voilà son inquiétude et ses craintes
qui le reprennent; il ne voulait point de mon argent,
il le repoussait avec un trouble extraordinaire; et ce
qu'il y avait de plaisant était que je ne pouvais m'imaginer de quoi il avait peur. Enfin il prononça en fré-
missant ces mots terribles de commis et de rats-de-
cave. Il me fit entendre qu'il cachait son vin à cause
des aides, qu'il cachait son pain à cause de la taille, et
qu'il serait un homme perdu si l'on pouvait se douter

qu'il ne mourût pas de faim. » Et Rousseau dit en terminant que cet incident fut le germe de « la haine inextinguible qui se développa dans son cœur contre les oppresseurs du peuple » ; on pourrait en conclure que la misère de ce peuple était plus apparente que réelle.

Plus tard, Rousseau, voyageant en voiture, ne fut plus à même de faire des observations aussi curieuses. En 1739, nous le trouvons allant en chaise de Grenoble à Montpellier. A Moirans, cinq ou six chaises arrivèrent à la file après la sienne. La plupart de ces chaises formaient le cortège d'une nouvelle mariée, qui se rendait dans le comtat Venaissin. Toutes ces voitures s'arrêtaient le soir à la même auberge, et les voyageurs lièrent connaissance. Je n'ai pas à raconter le voyage, où Rousseau s'occupa beaucoup plus d'une des belles dames qui accompagnait la mariée que de ce qu'il vit sur sa route. Il a cependant décrit d'une manière intéressante l'impression que lui causa la vue du Pont-du-Gard et des arènes de Nîmes. Ces arènes étaient encombrées à l'extérieur et à l'intérieur de vilaines petites maisons. A ce sujet, Rousseau observe que « les Français n'ont soin de rien et ne respectent aucun monument. Ils sont tout feu pour entreprendre et ne savent rien finir, ni entretenir ».

A Pont-de-Lunel, Rousseau s'arrêta, qui le croirait ? pour faire bonne chère dans un cabaret, qui était « le plus estimé de l'Europe ». « C'était réellement, dit-il, une chose curieuse de trouver, dans une maison seule et isolée au milieu de la campagne, une table fournie en poisson de mer et d'eau douce, en gibier excellent, en vins fins, servie avec ces attentions et ces soins qu'on ne trouve que chez les grands et les riches, et

tout cela pour vos trente-cinq sols ! » Le xviiie siècle
appréciait le mérite des cabarets. A Montpellier, où il
séjourna dans l'intérêt de sa santé, Rousseau passait
ses après-midi à voir jouer au mail ; il pariait avec les
joueurs, et l'on allait dépenser les enjeux en goûtant
gaiement dans un cabaret hors la ville.

II

Voici un autre voyageur à pied, qui n'adopte pas ce
mode de voyager par agrément, mais pour ménager sa
bourse peu garnie. Lorsque ses ressources le lui per-
mettront, il n'hésitera pas à prendre le coche, afin
d'alléger la fatigue d'un long trajet.

Jean-George Wille arrive de Kœnigsberg[1] ; il se
rend à Paris pour pratiquer l'art de la gravure, dans
lequel il doit exceller. C'est à pied qu'il entre en
France, par Weissembourg, et qu'il arrive à Hagueneau, le corps brisé de fatigue, les souliers déchirés.
Un artisan, qui faisait route avec lui, a des lettres pour
un orfèvre ; l'orfèvre le retient pour finir un ouvrage
pressé. Wille attend, en maugréant, son ami, gravant
pour vivre des pièces d'argenterie et des armes. La
ville était entourée de fortes murailles et de tours carrées ; il demande à un bourgeois, qui fumait grave-
ment sa pipe devant sa porte, ce qu'il sait de quelques-
unes de ces tours. « Je suis en état de vous instruire,
dit le notable, que mon grand-père, mon père et moi-
même nous avons constamment vu ces quatre tours
telles qu'elles sont devant vous, et je ne sais rien de

---

[1] *Mémoires et journal de J. G. Wille, graveur du roi*,
publiés par G. Duplessis, 1867, 2 vol. in-8.

plus. » Réponse caractéristique, qui peut donner une idée assez exacte de ce que sont à peu près partout les connaissances du peuple en fait de traditions locales.

Haguenau était une résidence agréable. Il s'y trouvait un régiment de hussards avec des officiers très aimables, dont plusieurs furent en relations avec Wille. Le peuple était d'humeur enjouée ; le dimanche, la jeunesse se rendait en foule dans les guinguettes des faubourgs. Goujats en chemises déchirées, garçons cordonniers sans souliers, tailleurs sans culottes, servantes sans pudeur se trémoussaient dans une grande salle avec des contorsions ridicules et des gestes de travers. On payait largement les violons et les vivres à l'aubergiste, qui ne faisait jamais crédit. Dans un des faubourgs s'élevait l'église de Marienthal, remplie d'ex-voto et avoisinée d'auberges, dont les maîtres, avec des mines dévotement tristes, savaient bien vider les bourses des pèlerins.

On ne pouvait toujours rester à Hagueneau. Paris attirait notre jeune graveur. Un beau matin, les deux jeunes gens partirent gaillardement pour Strasbourg ; ils portaient leur bagage dans une toile gommée, jetée en bandoulière sur le dos : une chemise, trois cravates, un bonnet, deux mouchoirs et une paire de bas. Ainsi équipés, ils s'en vont chantant des chansons de leur enfance et de leur patrie. Un capucin, assis à l'ombre d'un buisson sur le chemin, portant son bissac enflé, se lève et les salue. On lui rend son salut, on fait route ensemble ; le capucin est vieux, les jeunes gens compatissants lui proposent de prendre son sac ; le capucin attendri leur offre un peu du fromage blanc qu'il porte. Mais ce capucin a de beaux traits, bien prononcés, que fait ressortir sa longue et véritable barbe blanche. L'artiste lui demande la permission de dessiner son profil. Il admire ce beau vieillard, lorsqu'au milieu de la forêt une bohémienne très basanée, les cheveux flottants, et portant un enfant sur le dos dans une couverture tout en loques, vint offrir de leur dire la bonne aventure ; « mais notre religieux, dit Wille, après l'avoir regardée fixement, tira du sac un cervelas qu'il lui donna, et avec la bonté et la dignité d'un patriarche, la renvoya dans l'épaisseur du bois. « N'est-ce pas là un joli tableau de genre, tout à fait dans l'esprit du XVIIIe siècle, qui fait quelque peu songer à Sterne et à certaines gravures de l'époque, à celles de Wille fils par exemple ?

En sortant de la forêt, on aperçoit la flèche de Strasbourg, qui les attire et encourage leur marche. Cette flèche que Wille admire, « quoique gothique, » il veut la gravir jusqu'au sommet. Jetant son habit et son épée sur la plate-forme, il grimpe jusqu'au faîte, plein d'ardeur ; mais lorsqu'il redescend, la tête lui tourne et la tâche lui semble moins facile. Fier d'un tel exploit, il ne paraît pas s'être occupé des autres monuments de Strasbourg.

En sa qualité d'Allemand, il aime les gais colloques et les longs repas. Descendu de son clocher, Wille oublie, en trinquant avec un ami, l'heure du coche de Paris. Il veut le rattraper. Le voilà qui part sur les pavés glissants, par la pluie, n'ayant pour appui que sa faible épée. Il court ainsi sur la grande route pendant sept heures, et ne rejoint le coche qu'au moment où celui-ci pénètre dans la cour de l'auberge de Saverne. Will, harassé, mouillé, entre dans la salle de l'auberge et se laisse tomber sur une chaise. Quatre voituriers en blouse bleue, qui soupent copieusement, ont pitié de lui ; ils lui font prendre du fromage de Limbourg qu'ils transportent, et Wille ranimé soupe gaiement avec un poulet rôti, une salade et une bouteille de vin.

Le lendemain matin, le coche, attelé de huit chevaux, reprend lentement sa marche. La compagnie n'est pas désagréable ; un ingénieur et un artiste se trouvent avec Wille. A Lunéville, à Saint-Nicolas, à Nancy, on cherche à voir les monuments. En route, on cause avec un ébéniste d'Olmutz, qui suit la voiture ; l'ébéniste est plein d'entrain et d'urbanité, et finit par emprunter à son compagnon de l'argent qu'il ne rendra jamais. A Verdun, Wille et deux autres voyageurs s'avisent de gagner Châlons à pied par un chemin plus direct. Les voilà brûlés par la chaleur dans des plaines sans ombrage. La nuit vient. Dans le premier village où ils entrent, il n'y a pas d'auberge ; on leur indique la maison d'une vieille femme, qui héberge les vagabonds. Ils y frappent ; ils y trouvent du mauvais vin et des œufs qu'on leur fait cuire avec du poivre et des feuilles entières d'oseille ; pour lit, ils ont le foin du grenier assaisonné de puces. Le lendemain, ils sont à Châlons avant midi, avec de telles ampoules aux pieds qu'ils doivent passer la journée au lit au lieu de visiter les monuments de la ville.

Le trajet continue sans incidents nouveaux. La température était si chaude, que les voyageurs quittaient le « gouffre du coche » pour marcher à l'ombre de la voiture, très hautement chargée de marchandises. On n'allait pas vite. La dernière étape fut Meaux. Le lendemain on arrivait à Paris de bonne heure. Wille fut frappé, au commencement du faubourg Saint-Germain, « de l'aspect de chaumières et de cabanes si mal arrangées » qu'elles ne pouvaient donner une idée de la magnificence de Paris.

Wille, qui entreprit d'autres voyages, n'a décrit en détail que celui-là. Plus tard, il fit des excursions d'artiste aux environs de Paris, à Vernon, à Longjumeau, à Montlhéry; on voyageait en carrosse, en bateau, en charrette; on couchait dans des gîtes variés, et parfois détestables, comme le cabaret de la *Chasse-Royale*, de Mortcerf. On s'arrêtait dans des villages, comme devait le faire, dans ses voyages à pied à travers la France, le poète anglais Goldsmith, dont nous parlerons dans le chapitre suivant.

XII

LES ANGLAIS EN FRANCE AU MILIEU DU XVIIIe SIÈCLE.
— SACHEVERELL STEVENS (1738-1739). — GOLDSMITH
(1755). — STERNE (1672).

Au milieu du XVIIIe siècle, les relations entre la
France et l'Angleterre sont plus nombreuses que
jamais. Malgré les guerres, malgré les haines que de
longues rivalités ont fait naître, les deux nations s'estiment et s'étudient. Les peuples qui ont une littérature exercent tôt ou tard sur leurs voisins une véritable
influence intellectuelle. Après avoir ressenti celle de
l'Italie et de l'Espagne, la France fit prévaloir la sienne
sans conteste au temps de Louis XIV. Dans la seconde
partie du règne de Louis XV, ce fut au tour de
l'Angleterre de faire pénétrer en France ses écrits et
ses idées.

Il serait très curieux de rechercher quelle a été la
part de l'Angleterre dans les doctrines philosophiques
et politiques, d'où les principes de 1789 sont sortis.
Voltaire, après avoir étudié à Londres la philosophie
de Locke, a fait partager à ses contemporains la pré-
dilection qu'il éprouvait lui-même pour les idées bri-
tanniques; Montesquieu, qui a également séjourné en
Angleterre, lui a demandé des enseignements et des

10

Cette vue, d'après Rigaud, montre les différents genres de voitures au commencement du XVIII⁴ siècle.

modèles pour son *Esprit des lois*. De leur côté, Boling-
broke, Chesterfield montrent la France comme la
meilleure école du beau langage et du savoir-vivre.
Chesterfield écrit à son fils que c'est surtout à Paris,
qu'on peut acquérir ce dernier poli, ces grâces que
procure seul l'usage de la bonne société. Toutefois, si
les hommes d'esprit et de talent des deux nations
apprécient leurs qualités réciproques, la grande majo-
rité des deux côtés de la Manche conserve des sentiments hostiles. Il y a tant de contrastes entre les
caractères des deux peuples ; non seulement les mœurs
diffèrent, mais les intérêts, mais les institutions politiques, mais la religion. Il y a un abîme entre le Français catholique, qui se fait honneur de servir son roi,
et l'Anglais protestant, qui s'enorgueillit avant tout
d'être un homme libre.

Ce sentiment d'orgueil et d'hostilité, le chevalier
Temple l'exprimait bien, lorsqu'il défendait, dans son
testament, à son fils d'épouser une Française, « ayant
toujours eu, dit-il, une grande haine pour cette nation
à cause de son caractère fier et impétueux si peu assor-
tissant avec la dépendance servile où elle est chez
elle. » C'est encore l'opinion de beaucoup d'Anglais du
xviiie siècle, qui n'ont pas l'esprit assez supérieur ou
assez indépendant pour se dégager des préjugés nationaux. De ce nombre est Sacheverell Stevens, qui traverse la France et séjourne à Paris en 1738 et 1739[1].

____

[1] *Miscellaneous remarks made on the spot in a late seven
years tour through France, Italy, Germany and Holland...*,
by Sacheverell Stevens, London, s. d. — Vers la même époque,
on peut citer : *Some observations in travelling through France*,
etc., by Wright, London, 1732, 2 vol. — *Travels through
Germany, Italy and France*, par J. Ray, 1738, 2 vol. in-8.

I

Il arrive à Boulogne avec toute sa morgue d'Anglais et de protestant ; il entre à Montreuil, dans une église, déclare que les cérémonies du culte sont « une simple farce », et manque de se faire insulter par des gens du peuple qui ont été indignés de son attitude peu respectueuse. Il se plaint aussi de la rapacité des matelots, de la mauvaise foi des valets français, de l'insolence des mendiants de Paris, de la violence des portefaix de Lyon, des prix exorbitants des aubergistes qui supposent que les Anglais sont des lingots d'argent. En politique, il trouve des Français disposés à tout sacrifier pour la gloire du roi et à chercher à réduire le reste de l'humanité à leur misérable condition. Cependant il reconnaît la beauté, la fertilité de certaines parties du pays, de la Picardie, par exemple, et des bords de la Saône. Il déclarera que les villes et les villages entre Paris et Lyon ont une grande apparence de pauvreté, et que cependant les habitants sont pleins de vie et de gaieté. La Provence lui semblera la plus beau pays non seulement de la France, mais de l'Europe ; il admirera l'affluence de la société polie qui se presse sur les cours d'Aix et de Marseille ; et pourtant cet Anglais, qui est si fier de la liberté de son pays, est étrangement choqué de voir que tout le monde est admis dans le cours de Marseille et qu'un décrotteur a le droit de s'y promener à côté d'une personne de qualité !

Sacheverell Stevens, malgré ses idées préconçues, est un observateur souvent original ; il signalera les grotesques capelines noires des femmes de Boulogne ;

il notera à Abbeville l'usage de corner les heures du haut du beffroi ; à Paris, il visitera et louera l'Hôtel-Dieu, où tous les malades sont admis, sans distinction d'origine et de religion, et sont soignés par les sœurs avec autant de soin que de dévouement[1] ; il assiste à deux exécutions de criminels, et il donne sur les supplices de la roue et de la décapitation les curieux détails que peut fournir un témoin oculaire. Il est allé de Paris à Lyon par la diligence qu'il trouve très divertissante par le contraste que présentent entre eux les voyageurs de toutes les classes, moines, pèlerins, officiers ; tandis que le moine médite un bréviaire à la main, l'officier jure, les jeunes femmes chantent. Ce même mélange se retrouve dans le coche de la Saône, dont la cabine très commode est garnie de fenêtres des deux côtés, et qui est traînée par deux chevaux, dont l'allure ordinaire est le trot, lorsque le chemin de hallage est bon.

Comme beaucoup de ses compatriotes il reconnaît la gaieté, l'air ouvert des Français, tout en les trouvant bavards, légers, inconstants. Le peuple, selon lui, est le plus pauvre, mais le plus gai de l'univers. Il est dévot, excepté le dimanche où il paraît faire plus d'attention aux cérémonies qu'à l'esprit du culte. Brave à la guerre, mais se décourageant aisément, partant comme la foudre, mais revenant en fumée. Quant aux femmes, très naturelles dans leurs manières, elles ont un air d'aisance et de grâce qui leur est particulier ; très causeuses, désireuses de plaire et de captiver, elles

---

[1] Cette appréciation contredit pour la tenue de l'Hôtel-Dieu de Paris des documents officiels postérieurs. On trouvera du reste dans le livre de Sacheverell Stevens d'intéressants détails sur l'aspect de Paris en 1738.

sont inférieures en beauté aux Anglaises, quoique
dans certaines parties de la France elles puissent passer
pour belles ; naturellement coquettes et portées à l'in-
trigue, elles se peignent la figure d'une manière extra-
vagante, et n'ont point le teint qui fait, dit Sacheverell,
le charme de ses aimables compatriotes.

C'est l'amour-propre national qui dicte en partie le
jugement de Sacheverell Stevens sur les femmes françaises ; la jalousie féminine se mêle sans doute au
même sentiment pour inspirer à lady Montague le
portrait burlesque qu'elle en trace. Elle les trouve
en vérité dégoûtantes (elle demande qu'on lui passe
l'expression) par leur façon de se mettre, et par le
fard dont elles se couvrent le visage ; leurs cheveux
courts et frisés ressemblent à de la laine blanche, et
avec leur visage couleur de feu, elles n'ont pas même
la figure humaine ; on les prendrait volontiers pour
des moutons nouvellement écorchés[1]. Lady Montague,
qui est venue en France plusieurs fois, a jugé l'aspect
du pays d'une manière superficielle, mais plus équi-
table à coup sûr que lorsqu'elle s'avisait de dépeindre
les dames de France.

II

Goldsmith, tout en déplorant l'usage du fard qui les
ride et les veillit de bonne heure[2], les a traitées avec

---

[1] *Letters written during her travels in Europe, Asia and
Africa... to which are added poems*, 2 vol., 1789. Lettre du
13 octobre 1718. — Le rouge reste pendant tout le XVIIIe siècle
à la mode. En 1788, le rendez-vous du bel air est au Temple,
chez Mme Martin, chez qui le moindre pot de rouge coûte
un louis. (*Mém. de la baronne d'Oberkirch*, II, 301.)

[2] *The Bee*, n° 2.

plus de justice. Il leur reconnaît un goût que n'ont pas les Anglaises ; il déclare qu'en fait de mode ce sont des architectes parfaites ; mais il trouve que les vieilles filles se croient toujours jeunes et dansent à soixante ans des rigodons, quand elles peuvent à peine marcher sans béquilles. Le célèbre romancier trace du caractère et des mœurs des Français quelques esquisses satiriques. Il les montre fiers de leur civilité envers les étrangers, mais n'hésitant pas à parler imperturbablement leur langue à un étranger qui n'en comprend pas un seul mot. — Ils feraient les meilleurs cuisiniers du monde, mais avec tout le luxe de leurs plats, ils mettent rarement une nappe sur la table. — Leur religion manque de solennité. Sur les routes, on rencontre de distance en distance des statues de la Vierge Marie, avec une coiffure maussade, des joues peintes et un vieux jupon rouge ; une lampe brûle souvent devant elles. On rencontre aussi des crucifix, avec l'image en bois du Sauveur, accompagné des instruments de la passion [1]. — Dans les villes, les hommes tricotent des bas sur leurs portes, tandis que les femmes travaillent aux champs et aux vignes. C'est peut-être la raison pour laquelle le beau sexe a quelques privilèges dans ce pays, comme de monter à cheval à la façon des hommes. — Goldsmith du reste fait justice de ces appréciations, en disant : « Vous les trouverez sans doute assez impertinentes, vous aurez peut-être raison ; mais en général, c'est de cette manière que les Français peignent les étrangers, et il n'est que

[1] Il s'agissait sans doute des environs d'Abbéville, où les bords de la route étaient garnis d'oratoires, de crucifix, de stations pieuses, devant lesquels les cochers se découvraient. (Martin, *Voyages en France*, III, 329.)

juste de leur rendre une partie du ridicule qu'ils veulent donner à autrui[1]. »

En effet, il leur reproche surtout leur vanité, leur ostentation : « Tout ce qui appartient à leur nation, dit-il, est grand, magnifique au delà de toute expression, tout à fait romantique. Tout jardin est un paradis, tout chaumière est un palais, toute femme est un ange. » Ils sont prêts à s'écrier qu'il n'est pas de nation comme la leur et que les autres peuples ne sont que des barbares à deux pieds. Ce ridicule, Goldsmith reconnaît, du reste, qu'il n'est pas particulier à la France, et que les Anglais ne se gênent pas pour déclarer qu'en bravoure, en générosité et en humanité, ils dépassent le monde entier.

Goldsmith, du reste, avait appris à connaître le peuple de France et à l'aimer. Dans sa jeunesse, il avait parcouru ce beau royaume à pied, allant de village en village, gagnant l'hospitalité de chaque soir, en jouant de la flûte et en chantant des airs irlandais. La gaieté, la bonhomie se rencontraient surtout chez les paysans. Que de fois, l'aimable auteur du *Vicaire de Wakefield* les fit danser au son de sa flûte. Les vieilles dames et le grand-père se mettaient aussi de la partie. Du reste, pour Goldsmith, la France est une nation éminemment sympathique : « L'honneur, dit-il, y est une monnaie courante ; payée de main en main, elle circule dans tout le pays en un splendide trafic ; elle passe des cours aux camps et aux chaumières. Tous apprennent à se montrer avides de louanges. Ils charment, sont charmés, estiment les autres pour être estimés d'eux, et deviennent heureux à force de le paraître[2]. »

[1] *The citizen of the world*, 1762, ch. LXXVIII.
[2] *The Traveller*, 1765.

III

C'est aussi l'opinion d'un des Anglais les plus spirituels du XVIIIe siècle. « Heureux peuple ! dit-il, qui, une fois par semaine, du moins, est sûr de déposer tous les soucis ensemble, et de danser, et de chanter, et de secouer gaiement le fardeau de peines qui courbe jusqu'à terre le courage des autres nations. » C'est ainsi que Sterne apostrophe le peuple de France. A lire son *Voyage sentimental*[1], on a peine à reconnaître ce peuple aujourd'hui, tant il est devenu plus grave et moins riant. Les voyageurs de nos jours racontent que les Japonais ne cessent de sourire aux étrangers, et que, jusque dans les campagnes, ils paraissent être les plus aimables gens du monde. N'en aurait-il pas été de même des Français d'autrefois ? C'était un peuple poli, depuis les plus hautes classes jusqu'aux plus basses, ayant de la gaieté, de l'esprit parfois, du savoir-vivre toujours. On n'était pas loin du temps, où les officiers français ne voulaient pas ouvrir le feu les premiers dans un combat. *Après vous, messieurs les Anglais*, disaient-ils à Fontenoy. Alors, les mendiants mêmes pratiquaient naturellement la civilité. Goldsmith l'atteste ; Sterne en donne un exemple : à Montreuil, il est entouré d'hommes et de femmes, qui lui demandent l'aumône ; il annonce qu'il ne peut en donner qu'à la moitié d'entre eux ; aussitôt un pauvre hère tout déguenillé et sans chemise se retira de deux pas hors du cercle, en faisant, pour sa part, un salut de renonciation. « Quand le parterre entier,

---

[1] Sterne's *Sentimental journey through France and Italy, by M. Yorick* (1re éd.), 1768. 2 vol.

dit Sterne, aurait crié : Place aux dames! il n'aurait pas donné une idée à moitié aussi frappante de déférence pour le beau sexe. Juste ciel! par quels sages motifs as-tu ordonné que la mendicité et l'urbanité, qui sont si mal d'accord dans les autres pays, trouveraient moyens d'être unies dans celui-ci ! »

Si les mendiants sont courtois, il n'est pas surprenant que les domestiques soient aimables. Celui que Sterne prend à son service, à Montreuil, ne sait rien que battre du tambour, jouer du fifre et du violon, et faire des guêtres; mais il est si gai, si constant dans sa belle humeur, dans sa bonne volonté, qu'il dissipe toutes les difficultés et chasse la mélancolie. Lafleur, c'était son nom, était bien quelque peu fat; il ne doutait de rien, et au besoin donnait des conseils à son maître pour écrire à une dame de qualité. Mais comme il est fier du bel habit écarlate qu'il achète à Paris, de sa veste de satin bleu brodé, de ses manchettes de mousseline, et comme il s'en va pimpant à un rendez-vous, un magnifique bouquet au côté! Lafleur a de l'entregent, et il sait répandre la gaieté autour de lui; il n'a qu'à tirer son fifre de sa poche, dans les cuisines où il va, et dès la première note il met en branle femme de chambre, maître d'hôtel, cuisinier, marmiton, toute la maison enfin jusqu'aux chiens et aux chats.

Sous des traits non moins attrayants, mais dans un autre genre, se présente à nos yeux cette famille patriarcale des campagnes du Forez, à laquelle les hasards du voyage forcent Sterne à demander l'hospitalité. Le fermier et sa femme, entourés de leurs enfants et de leurs petits-enfants, mangeaient une soupe aux lentilles qu'ils arrosaient de vin du pays; après la soupe, les enfants sortirent et allèrent danser sur la terrasse de gazon, qui s'étendait devant la maison, tandis que le père de famille, jouant de la vielle, les animait à la danse. Le voyageur avait été accueilli par le vieillard avec une respectueuse cordialité, et il avait vu, dans tous les yeux, lorsqu'il s'était mis à table, qu'il n'était pas seulement le bienvenu, mais qu'on lui savait gré de n'avoir pas paru en douter.

A Paris, et dans une classe un peu plus relevée, nous trouvons la gantière, la marchande appartenant à la petite bourgeoisie, un peu coquette sans doute, mais aimable et polie sans arrière-pensée. Sterne entre chez elle pour lui demander son chemin. Avec quelle bonne grâce et quel empressement elle se lève pour le lui indiquer, le voyageur en est singulièrement touché. S'il avait dépensé cinquante louis chez elle, elle n'aurait pas eu l'air plus reconnaissante. Et lorsqu'elle lui a répété trois fois ses indications avec la même bonté, et que l'Anglais revient pour lui dire qu'il n'a pas bien compris, elle appelle un jeune garçon, qui l'accompagnera jusqu'à sa destination, en portant en ville un paquet de gants. Sans doute, il y a dans cette urbanité inaltérable et qui semble naturelle quelque désir du gain, et chez l'hôtelier, la marchande de dentelles, la femme de chambre, il y a aussi un mélange d'immoralité ; mais au fond, tout ce monde a le désir de plaire, et d'être agréable à autrui, par habitude ou par instinct non moins que par intérêt.

Dans les classes plus hautes, cette urbanité est rehaussée par la dignité de l'attitude et des sentiments. On conçoit facilement cette dignité chez un homme de qualité comme le comte de Breteuil, qui sait être à la fois courtois, obligeant et spirituel ; mais on la retrouve jusque chez le chevalier de Saint-Louis, qui, sa croix à sa boutonnière, vendait des petits pâtés dans les rues de Versailles, et chez ce noble Breton, qui, après avoir déposé son épée dans la salle des États de Bretagne, venait la reprendre lorsque, vingt ans plus tard, il avait fait fortune aux Iles. Jamais on n'a fait mieux sentir que la noblesse d'autrefois pouvait être indépendante de la richesse.

Il n'est pas jusqu'aux religieux que Sterne ne présente sous un aspect sympathique. Avec quelles couleurs justes et saisissantes n'a-t-il pas dépeint le franciscain qui lui demande une aumône à Calais; sa sérénité, sa dignité dans la demande, sa patience devant le refus, son calme devant l'injure! On sait comment Sterne se repent de l'avoir malmené, et le force à accepter sa tabatière d'or en échange de la sienne.

Sans doute, Sterne, dans ses voyages en France, a vu assez de la société française pour apercevoir, à côté de ses qualités, quelques-uns de ses défauts. S'il exalte la haute urbanité d'un vieil officier, qu'il voit aussi au théâtre, il présentera sous un aspect quelque peu ridicule le petit capitaine sautillant, bavard et passablement indiscret qu'il rencontre à Calais. Il note bien aussi quelques-uns des abus du régime existant : le droit d'aubaine qui attribue au roi les biens de l'étranger qui vient à mourir dans ses États ; l'usage de faire payer deux postes en sus, lorsqu'on cesse de prendre la poste pour recourir à un autre mode de locomotion. Il sait bien qu'il y a une Bastille, car étant entré en France pendant la guerre et sans passeport, il redoute quelque peu d'y être conduit ; mais il sait que la Bastille n'est pas une prison si terrible pour les gens de lettres, et qu'avec neuf livres par jour, une plume, du papier et de la patience, on peut s'y trouver passablement pendant cinq ou six semaines [1].

Il a décrit dans son *Tristam Shandy* les manières des postillons français, qui trouvent toujours moyen de descendre de cheval aussitôt qu'ils sont sortis de la ville, et qui ne peuvent faire marcher leurs chétifs chevaux qu'en leur prodiguant les plus abominables jurons,[2]. Ce trait, qui est juste, contraste avec la politesse générale de la nation, à qui Sterne reprochait d'effacer les qualités natives des individus aux point de leur enlever leur caractère propre et leur originalité.

Si l'on peut signaler dans le *Voyage sentimental* de Sterne une part de fiction, on peut dire aussi que, dans ses différents voyages en France, cet écrivain, plein d'humour et de finesse, a tracé plus d'une esquisse d'après nature, et que les caractères qu'il met en scène ont été réellement observés par lui.

[1] Voir les mémoires de Marmontel et de Dumouriez. « On était fort bien nourri à la Bastille, dit ce dernier (liv. II, ch. I); il y avait toujours cinq plats pour le dîner, trois pour le souper, sans le dessert... »

[2] C'était aussi la coutume des postillons allemands. On raconte qu'un prince wurtembergeois se déguisa en postillon pour conduire Joseph II, qui voyageait *incognito*. Au relais, le prince fut reconnu par l'empereur, qui lui dit : « L'imitation était parfaite. Cependant, si j'y avais regardé de plus près, j'aurais découvert le déguisement. Vous n'avez pas assez juré. » (*Mém. de la baronne d'Oberkirch*, I, 91.)

XIII

UN ANGLAIS DE MAUVAISE HUMEUR. — SMOLLETT
(1763-1765).

La guerre de Sept ans ne semble pas avoir surexcité
le sentiment national en France outre mesure contre
les Anglais. Les Français, toujours aimables, ne
parurent pas avoir gardé rancune à ceux qui leur avaient
pris leurs plus belles colonies. Une petite comédie de
Favart, *l'Anglais à Bordeaux*, qui fut jouée à Versailles, le 17 mars 1763, montre jusqu'à quel point, à
la nouvelle de la paix, on savait être à la fois battu et
content. On y faisait l'éloge des Anglais, et l'on disait
à la fin :

> Le courage et l'honneur rapprochent les pays ;
> Et deux peuples égaux en vertus, en lumières,
> De leurs divisions renversent les barrières
> Pour demeurer à jamais amis.

Aussi à peine les frontières ouvertes, bon nombre de
Français et d'Anglais traversèrent-ils la Manche pour
aller visiter le pays contre lequel ils avaient été en
guerre. Parmi les Français on peut citer Lalande,
Grosley, la Condamine. Les Anglais furent plus nombreux[1], et l'un des premiers qui vint débarquer à Bou-

---

[1] Citons parmi eux le grand acteur Garrick, qui vint à
Paris en 1763, et y reçut l'accueil le plus flatteur. (*Mémoire
de Garrick*, chap. VIII.)

logne fut le docteur Smollett. Mais celui-là, loin de
répondre aux avances que l'on faisait de toutes parts
à ses compatriotes, montra pendant tout son voyage un
caractère hargneux, qui tenait plus encore à sa personnalité qu'à sa race[1].

« Le savant Smelfungus voyagea de Boulogne à Paris,
de Paris à Rome et ainsi de suite ; mais il partit avec
le spleen et la jaunisse, et chaque objet auprès duquel
il passa était décoloré et défiguré ; il en écrivit un récit,
mais ce n'était que celui de ses misérables sentiments. » C'est ainsi que Sterne parle de Smollett, et
il n'a pas tort. Ce pauvre Smollett, tout illustre écrivain qu'il est, fait pitié. Il s'est dépeint lui-même sous
un aspect lamentable : asthmatique, fiévreux, toussant,
crachant, triste et morose, avec une mine allongée,
ridée et maussade. Il part malade, il arrive malade ;
tout l'agace ; tout l'exaspère, rien ne lui sourit. En
Angleterre même, il gémit sur les routes détestables,
sur les chambres froides et sans confort, la cuisine
exécrable, le vin empoisonné des hôtels. Le service est
mauvais, les aubergistes insolents, les notes excessives.
Douvres est une caverne de voleurs. Mais à Boulogne,
c'est encore pis. La saleté le dispute à la cherté. On
dirait que les Français sont encore en guerre avec les
Anglais, car ils les pillent sans merci. Les hôtels lui
semblent de plus en plus mauvais, au fur et à mesure
qu'il s'avance vers le midi. En Languedoc, ils sont tout
à fait exécrables. En Provence, ils sont, le croirait-on,
encore moins bons. Excepté dans les grandes villes, ils

---

[1] *Travels through France and Italy, containing observations on character, customs, religion, government, police,
commerce, arts and antiquities, in two volumes*, London,
1766.

sont froids, humides, noirs, tristes et sales ; les hôtes
sont désobligeants et rapaces ; les domestiques disgra-
cieux, malpropres et paresseux ; mais tout cela n'est
encore rien, auprès des auberges d'Italie. Pour le coup,
c'est l'abomination de la désolation. Smollett, qui rencontre Sterne à Turin, lui déclare qu'il « a été écorché
vif, endiablé et plus maltraité que saint Barthélemy, à
chaque endroit où il s'est arrêté ».

Le grand malheur de Smollett, ce n'est pas encore
d'être mal portant, c'est de vouloir voyager en grand
seigneur et d'être parcimonieux. Mme Smollett ne veut
pas manger à table d'hôte ; il faut la faire servir dans
sa chambre, et un dîner à part coûte 3 et 4 francs,
tandis qu'un dîner à table d'hôte coûte 30 ou 40 sous.
Smollett veut bien payer 3 fr. son dîner, mais il se
fâche, il bataille, il menace, quand on lui en demande 4.
Quelquefois, il en impose à l'aubergiste, et le fait
céder. Parfois aussi, il est obligé, bien malgré lui, de
payer. C'est ce qui lui arrive à Mouy, où l'hôtelier est
en même temps maître de poste. Celui-ci n'ayant pas
voulu accepter l'argent que Smollett lui offre, les postillons refusent de partir et s'enfuient lorsque le voyageur les menace de sa canne. Transporté de fureur,
respirant à peine, Smollett court chez le consul, qui
est tailleur de son état, et réussit à l'amener à l'auberge, devant laquelle tout le peuple s'est assemblé
pour regarder l'intéressant spectacle d'un étranger se
disputant avec son hôte. Le consul écoute l'affaire,
hausse les épaules, déclare qu'il ne peut rien, et finit
par engager humblement l'étranger à céder. Smollett
reconnaît qu'il ne peut pas faire autrement ; il paie, les
postillons reparaissent, et la voiture s'ébranle au
milieu d'une foule qui exulte du triomphe de l'auber-

giste, tandis que le voyageur, harassé de fatigue, dévore sa mortification.

Les maîtres de poste et les postillons n'agacent pas moins les nerfs de Smollett que les aubergistes. Surtout dans le sud de la France, il trouve les postillons lents, flâneurs, avides et impertinents. Si du moins on pouvait les châtier à coups d'épée, de canne, de bâton ou de fouet, ce serait encore une consolation pour l'irascible docteur anglais ; mais il n'y faut pas songer ; à la moindre menace, ils disparaissent, et, pour se venger, ils seraient capables de faire verser la voiture. Les maîtres de poste, de leur côté, peuvent vous insulter et vous faire payer trop cher impunément. A qui s'adresser pour en obtenir justice ? Ils sont d'ordinaire les personnages les plus considérables du village où l'on relaie. Se plaindre au gouverneur de la province, au ministre, comme l'ont fait plusieurs Anglais, c'est peine perdue. En imposer par son énergie, faire appel au texte des règlements, est-ce un système plus efficace ? A Sens, Smollett se croit victime d'un passe-droit ; le voilà qui, saisissant le livre des postes, met sa tête longue et ridée à la portière de son carrosse, et lit tout haut avec véhémence le passage du règlement qu'il croit avoir été violé. Un étranger de qualité, qu'il prend pour le maître de poste, l'écoute tout ébahi, jusqu'au moment où les postillons, faisant claquer leur fouet, entraînent au loin le lecteur exaspéré.

Il faudrait être plus philosophe et plus généreux que Smollett pour supporter tous ces petits ennuis. Il reconnaît lui-même que, s'il avait donné par poste six sous de plus de gratification aux postillons, il aurait été beaucoup mieux servi par eux et que son voyage eût été plus agréable. Aussi conseille-t-il aux autres de

11

ne pas être parcimonieux de leur argent, de céder
même aux exigences des aubergistes, si elles ne sont
pas trop exagérées. Il connaît des Anglais qui préfére-
raient donner dix écus plutôt que d'être volés d'un
liard. « C'est une bonne maxime, dit-il, mais qui exige
beaucoup de résolution et d'oubli de sa propre tran-
quillité pour être mise à exécution en voyage. » Il a
fait route avec un homme qui professait des principes
de ce genre. On ne pouvait imaginer compagnon plus
désagréable. Il était toujours en querelle avec les
maîtres et les maîtresses d'hôtel, les garçons, les pale-
freniers, les postillons. Il en résulta qu'ils eurent de
mauvais chevaux, de mauvaises voitures, qu'ils quittèrent tous les relais au milieu des malédictions des
gens, et qu'en fin de compte ils économisèrent dix
shellings sur un voyage de cent cinquante milles. Une
autre fois, en allant de Bath à Londres, Smollett, touché de compassion pour un postillon trempé par une
averse, lui donna deux shellings au lieu d'un. Au relais
suivant, le postillon alla comme le vent ; le docteur
ravi doubla de nouveau la gratification ; il agit de même
par la suite, et il arriva à Londres, ravi de la rapidité
extrême de son voyage, et n'ayant dépensé que six
shellings de plus qu'il ne comptait. Combien Smollett
eût trouvé les postes françaises meilleures, s'il était
resté fidèle à ce système !

Il est vrai qu'il aurait pu prendre la diligence ; mais
être empilé, au nombre de huit, dans l'intérieur, y
être très mal assis, courir le risque d'y rencontrer très
mauvaise compagnie, partir à 4 heures ou même à
2 heures du matin, il fallait être dépourvu de tout sentiment du confortable pour y songer. Restait la poste
qui coûtait cher, parce qu'elle exigeait la location d'une

berline, moyennant quatorze louis de Boulogne à
Paris, et que pour quatre personnes il était nécessaire
de prendre six chevaux et deux postillons. De Paris à
Lyon, les dépenses de transport s'élèvent à 1 000 livres
pour notre voyageur. Heureusement que les routes
sont sûres, et que les hôteliers et les maîtres de poste
sont les seuls qui en veulent à la bourse du voyageur.
Smollett avait pourtant pris ses précautions, et il se
donnait le ridicule de voyager avec un tromblon, que
les badauds contemplaient avec stupeur et qu'ils prenaient pour un petit canon.

Malgré ses manies, son humeur maussade et atrabi-
laire, Smollett observe ce qui l'entoure ; il voit les
choses à travers des lunettes qui les déforment quelque
peu et les colorent d'une manière défavorable, mais il
les voit. Il est pratique ; il ne manque pas de précision.
Égoïste en même temps qu'affligé d'un estomac délicat,
il s'occupe de sa nourriture. A Boulogne, où il séjourne,
il note les prix du pain, de la viande, de la volaille. Il
remarque que les Français ne boivent pas de bon vin ;
pour 5 à 8 sous la bouteille, on a du vin d'Auxerre
léger et maigre ; il faut mettre 17 sous pour avoir une
bouteille de vin de Bordeaux. En revanche, la viande
est bonne, les dindons excellents. Pour 20 sous, on a
une paire de poulets ou de soles. Le gibier est abon-
dant et les fruits parfaits. A Paris, il fait aussi l'éloge
de la viande et de la volaille, il trouve exquis les petits
pains au beurre ; mais il n'aime pas la cuisine française. Quand il s'avance vers le midi, il se trouve empoisonné par l'ail qu'on met dans tous les ragoûts et dans
toutes les sauces. En vain veut-il y échapper, en mangeant de la viande froide dans sa voiture ; l'odeur de
l'ail le suit partout ; elle parfume sa chambre dès qu'il

y entre quelqu'un. En vain lui sert-on deux fois par jour des grives, des becs-figues et d'autres petits oiseaux, à demi rôtis sur des feuilles de vignes; il s'en fatigue, il s'en dégoûte, il en est malade. Le bon bouillon, qui pour les Français est un remède universel, a pour lui peu d'attrait. En Provence, il reconnaît que le porc, le mouton, la volaille et le gibier sont bons; mais le lait y est rare, et il arriva parfois que M. et Mme Smollett eurent le malheur de boire leur thé sans lait.

XIV

XIV

LES ANGLAIS EN FRANCE SOUS LOUIS XV ET LOUIS XVI. —
JOHN MOORE (1770). — WRAXALL (1775). — HORACE
WALPOLE (1765-1775). — FRANKLIN (1767-1785).

Les Anglais passaient déjà au siècle dernier pour
être les plus grands voyageurs du monde. Un Français,
qui se rend à Rome, a pour compagnon dans le coche
de Lyon un Anglais qui se dirige vers Smyrne[1]. « Il
raisonnait de ce voyage, dit le Français, avec le sang-
froid d'un Parisien de Paris qui parlerait d'aller
prendre la galiote pour aller à Saint-Cloud[2]. » Maihows
traverse ainsi la France en 1750 pour se rendre aux
îles de l'Archipel. Il décrit avec conscience, mais sans
originalité, les monuments des villes[3]. D'autres Anglais se laissent retenir par les charmes de Paris, et

[1] *Lettres contenant le journal d'un voyage fait à Rome,
en 1773* (par Clément), Paris, 1773, I, 4.

[2] Voir, sur la galiote de Saint-Cloud, l'amusant badinage de
Néel intitulé : *Voyage de Paris à Saint-Cloud par mer, et
retour de Saint-Cloud par terre*, à Paris, 1758, souvent réim-
primé.

[3] *Voyage en France, en Italie et aux îles de l'archipel*,
traduit (par de Puisieux), 4 vol. in-12. Le premier volume est
entièrement consacré à la France. Je relève un seul trait
assez curieux dans ce voyage ; c'est la coutume de placer en
permanence à Lyon, devant la porte des principaux magistrats,
des mais au milieu desquels sont attachées leurs armes ; ce qui,
selon Machows, a un air grossier, sauvage et ridicule.

y font de longs séjours. Tel est Sherlock, qui fréquente les théâtres et les gens de lettres, et qui ne tarit pas sur l'amabilité des Français[1]. Tel est aussi le docteur John Moore, qui traversa une partie de la France, en s'arrêtant longtemps à Paris[2].

I

John Moore est un homme de lettres, qui arrive avec des théories et des idées préconçues. Il est persuadé que les classes inférieures vivent en France dans l'oppression. Si les rues de Paris sont dépourvues de trottoirs et moins bien éclairées que celles de Londres, c'est que les piétons, et par conséquent le peuple, ne sont pas protégés par le pouvoir et qu'ils sont exposés à l'injustice et à l'insolence des grands. L'état monarchique, qu'il appellerait volontiers despotique, a, selon lui, tout à fait négligé le gros de la nation ; mais il n'en est pas moins rendu supportable par le caractère enjoué et aimable du peuple, et Moore est forcé d'avouer que, grâce à ce caractère, « la condition des gens du commun, surtout à Paris, est préférable à celle où ils se trouvent en plusieurs autres royaumes de l'Europe. »

« La politesse et l'honnêteté, en effet, ont passé dans tous les rangs, et quoiqu'elles ne soient pas exactement les mêmes, on les retrouve cependant chez le der-

---

[1] *Lettres d'un voyageur anglais,* par M. Sherlock, 2ᵉ éd., 1780, in-8º.

[2] *Lettres d'un voyageur anglais sur la France, la Suisse et l'Allemagne,* traduites de l'anglais de M. Moore, Genève, 1781, 2 vol. in-8º.

nier ouvrier aussi bien que chez les grands. C'est un trait caractéristique du génie de la nation française, beaucoup plus marqué que la frivolité, l'étourderie et l'inconstance dont on a taxé, dans tous les temps, les habitants de ce pays... L'homme en place est poli avec ses inférieurs ; le riche avec le pauvre ; le mendiant même, en implorant des secours, a quelquefois le ton d'un homme comme il faut, et s'il n'obtient pas ce qu'il demande, il est sûr du moins qu'on le refusera avec un air d'humanité, sans insulter à sa misère. » Et Moore constate que partout, en sa qualité d'étranger, il a été comblé d'attentions et d'égards. « Après les femmes, dit-il, le premier titre à Paris, c'est celui d'étranger. »

Ce peuple si poli est loin d'avoir l'air malheureux. « Nous sommes revenus, dit Moore, par les boulevards, où une foule de bourgeois, en habits des dimanches, se réjouissaient : les jeunes, en dansant des cotillons ; les vieux, en battant la mesure et en applaudissant les danseurs ; tous paraissaient avoir oublié le passé, s'embarrasser peu de l'avenir et n'être occupés que du présent. » Un Anglais morose fait observer à Moore que le ministre pourrait, s'il le jugeait à propos, faire enlever une demi-douzaine de ces gens-là, et les camper à Bicêtre. — Cela est vrai, dit Moore... Mais j'avoue que je n'y pensais pas plus qu'eux. » Il est probable que le ministre n'y pensait pas davantage.

Moore n'a guère vu en France que Paris, Lyon et Strasbourg. S'il parle des environs de Paris, c'est pour raconter une idylle assez niaise, où il nous fait connaître les honnêtes amours d'un jeune soldat invalide et d'une jolie villageoise. A Lyon, il trouve peu de différence entre les mœurs et la manière de vivre des

négociants de cette ville et celles des courtisans de
Versailles même. Il reconnaît toutefois qu'un Français
y aurait aperçu des nuances qu'en sa qualité d'étranger
il ne pouvait saisir.

A Strasbourg, il est frappé de la bonne tenue des
troupes. Il a vu manœuvrer séparément la plupart des
régiments; il a assisté à une revue générale. « Les
troupes françaises, dit-il, sont beaucoup mieux habillées, et à toutes sortes d'égards, mieux tenues qu'elles
ne l'étaient dans la dernière guerre. » Elles étaient
mieux traitées que les soldats allemands; ceux-ci, pour
les plus petites fautes, étaient exposés aux coups de
canne. Les Français n'étaient pas, comme eux, « menés
comme des épagneuls. » « J'avoue, dit Moore, que j'ai
été enchanté de l'air aisé et amical avec lequel les
officiers en général parlent aux simples soldats. On
m'a assuré que cela ne diminuait en rien le respect
et la soumission de ceux-ci envers leurs supérieurs...
On prétend même qu'ils y joignent une espèce d'attachement et d'affection. »

II

Wraxall[1] est un voyageur plus pratique et moins
déclamatoire que Moore; il a aussi le mérite de suivre
d'autres chemins que la plupart de ses compatriotes.
Il décrit d'une manière intéressante la basse Normandie qu'il a visitée; mais une fois à Nantes, il suit
la route déjà faite tant de fois, et gagne Marseille par
Bordeaux, Toulouse et Nîmes.

[1] *Tournée dans les provinces occidentales, méridionales et
intérieures de la France,* faite par M. N. Wraxall junior,
traduite de l'anglais, 1777, in-12 de 256 p.

La célèbre abbaye du Mont-Saint-Michel attira particulièrement son attention. Le Suisse, qui lui en fit voir les curiosités, le fit frémir en lui montrant les cages de bois, les cachots où l'on enfermait les prisonniers d'État, les oubliettes où l'on descendait au moyen âge les criminels les plus coupables. L'abbaye servait encore de prison d'État; mais le nombre des détenus était peu considérable, et ils étaient traités avec humanité. Le nombre des moines diminuait aussi, et les bâtiments, dont Wraxall admire la structure et la magnificence, menaçaient ruine. Notre Anglais fut surpris d'apprendre qu'il venait encore de huit à dix mille pèlerins par an au Mont-Saint-Michel; c'étaient pour la plupart des paysans et des hommes de basse condition. Il en vit six, hommes et femmes, pendant son séjour; ils étaient jeunes. « Leurs costumes, dit-il, était conforme aux idées que nous en donnent les anciens vaudevilles. Leurs chapeaux étaient couverts de petoncles, galonnés aux bords; au sommet il y avait une petite couronne surmontée d'une croix. Leurs habits étaient parsemés de petites images de saint Michel domptant le démon. Je leur demandai d'où ils venaient? Ils me dirent de Champagne, d'un endroit très éloigné au fond de la France. Je leur fis plusieurs questions; ils auraient voulu me suivre lorsque je montai au sommet de la tour; mais le Suisse les repoussa très rudement. — Que diable, dit-il, allez prier le bon saint Michel! Je ne conduis pas le menu peuple. — Les pauvres pèlerins se retirèrent sans dire un seul mot. »

Wraxall admire davantage en France les campagnes que les villes. Celles-ci lui semblent, à quelques exceptions près, mal bâties, sales et mal percées. Avranches,

bien située d'ailleurs, est la ville la plus sale qu'il ait
vue en France ; Toulouse la plus désagréable et la plus
mal bâtie qu'il connaisse. Montpellier, Narbonne, Clermont, Rouen, ont des défauts analogues ; rues étroites,
tortueuses et sales. Les vieilles maisons le frappent de
toutes parts ; à Bourges, il a peur que les débris de
quelques-unes d'entre elles ne tombent sur sa tête.
Rennes et Aix, mieux construites, sont solitaires et
tristes. Ce qu'il admire seulement, ce sont les quartiers neufs de Nantes, de Bordeaux et de Marseille.
Les mœurs de Bordeaux lui semblent dissolues. Auch
et Béziers trouvent grâce à ses yeux. Quant à Marseille, il lui découvre tant de charmes qu'il y passe
quatre mois d'hiver.

Les campagnes lui plaisent davantage. Il débute par
la basse Normandie, qui est un pays charmant, un
vrai parc anglais. C'est un jardin, dit-il, riche, cultivé, ombragé de forêts. Les bords de la Garonne,
auprès d'Agen, sont riants et fertiles au delà de tout ce
qu'il a vu en Europe. Sur les bords des chemins, les
vignes mêlent leurs grappes aux branches des ormeaux.
L'Armagnac, plus montueux, n'est pas moins agréable.
On dit que les vivres ont doublé de prix depuis dix
ans ; cependant, c'est un des pays où l'on peut vivre
à meilleur marché. Le vin commun ne coûte que cinq
liards la bouteille. Ajoutez à cela un climat heureux,
un peuple policé et naturellement gai. « De Pau à
Orthez, pays riche et bien cultivé. Béziers est une
résidence agréable, dont les environs pittoresques fournissent à bon marché tous les agréments et toutes les
nécessités de la table. » Les paysages des alentours de
Montpellier lui semblent dignes du pinceau de Raphaël
et de Claude le Lorrain. Son amour pour le beau ciel

du midi l'entraîne ici un peu loin. En revenant, il
admirera la fertile Limagne et les bords de la Loire,
que, comme ses contemporains, il est disposé à comparer à un paradis délicieux.

L'ombre au tableau, c'est parfois l'aspect misérable
des paysans. Si, dans le Béarn et les pays basques,
Wraxall parle seulement de leur costume, dans le
Cotentin et sur les bords de la Loire, il déplore leur
condition. « Il y a quelque chose de pauvre et de mal-
propre dans les demeures de ce peuple, dit-il dans le
Cotentin. La main de l'oppression se fait voir dans
leurs habits, dans leurs chaumières et dans leur extérieur. Je ne vis aucun de ces paysans propres et jolis
qui sont si communs dans nos villages les plus relé-
gués. » Sur les bords de la Loire, « la pauvreté et la
misère extrême des paysans, au milieu d'un paradis
délicieux produisant en abondance tous les agréments
de la vie, nous imprime un mélange de pitié, d'admiration et d'indignation. Je vois un château entouré de
hameaux misérables ; le luxe le plus raffiné contras-
tant avec l'indigence du peuple ; la gaieté et l'enjoue-
ment, la douceur et l'urbanité faisant le caractère
universel de chaque condition et auquel on ne saurait
refuser de l'attachement et de l'admiration. » Ce qui
étonne Wraxall, comme beaucoup de ses compatriotes,
c'est que ce peuple ait pu avoir en même temps les
apparences de la misère et celles du bonheur.

III

Horace Walpole[1] contredit quelque peu le témoignage de Wraxall, lorsqu'il arrive en France en 1769. « Je trouve ce pays prodigieusement enrichi depuis vingt-quatre ans que je ne l'avais vu, écrit-il d'Amiens ; Boulogne est devenue une ville drue et potelée, avec quantité de maisons neuves. Les moindres villages ont un air de prospérité, et les sabots ont disparu. » Walpole avait peut-être parcouru la Picardie un dimanche, jour où les paysans mettaient des souliers ; car il semble surprenant que les habitants des campagnes de l'Artois aient renoncé soudainement aux sabots pour les reprendre plus tard. Mais l'air de prospérité n'en est pas moins réel. « M. Pitt et la cité de Londres, continue Walpole, s'imagineront ce que bon leur semblera, mais la France ne viendra pas mendier à Mansion house d'ici à un an ou deux. »

Du reste, cet homme d'esprit n'a pas les préjugés anglais de Smollett et de Moore. « Fatigué autant qu'on peut l'être de son propre pays, écrit-il de Paris en 1765, je me trouve prodigieusement disposé à aimer celui-ci. Je voudrais cependant pouvoir le laver. » Mais, comme beaucoup d'Anglais qui ont pris leur pays en grippe, il a beau jurer qu'il est hors de l'Angleterre et que son but est atteint, il regrette toujours sa patrie par quelque côté. Ce qu'il n'aime pas à Paris, c'est la saleté, l'étroitesse des rues, les arbres taillés en

____

[1] *Lettres d'Horace Walpole à ses amis pendant ses voyages en France*, traduites par le comte de Baillon, 1873, in-12.

forme de balai et plantés dans des piédestaux de craie ; mais il est bien dédommagé de ces détails par la société qu'il y fréquente. « J'aime beauconp les gens de ce pays, dit-il, et leur manière de vivre. Rien de plus obligeant que l'accueil que l'on me fait partout. Peut-être n'est-il pas plus sincère que notre froide et triste politesse, mais il est mieux déguisé et a l'air plus naturel. » Walpole est, du reste, très bien reçu dans la société aristocratique et littéraire, où l'on apprécie son esprit original et mordant. Il en a donné des preuves dans sa correspondance, où il ne ménage pas plus les philosophes que les princes, médisant de tout, de la France non moins que de l'Angleterre, surtout lorsqu'il a la goutte, et prodiguant sur les personnages qu'il rencontre les traits de sa verve et de son humour.

Comme voyageur, Walpole n'a guère parcouru que la route de Boulogne ou de Calais à Paris. Ses observations sont souvent superficielles. Il ne peut souffrir l'élagage des noyers qui bordent la route ; il ne comprend pas la manie que l'on a de tailler les arbres, sous le prétexte qu'ils ont besoin d'être éduqués aussi bien que les hommes. Quand il fait très chaud, que le sol est crayeux et la poussière blanche, ils sont tous poudrés et l'on a peine à distinguer un arbre d'un perruquier. Walpole a peu d'aventures de voyage. Il ne peut se faire aux auberges d'Amiens. « Le temps n'est que tiède, écrit-il en juillet 1771, et j'aimerais mieux avoir toutes mes fenêtres fermées, si mon odorat n'avait pas beaucoup plus chaud que ma sensualité ; le fumet des anciennes tentures et des tapisseries hors d'âge est insupportable. Il y a là de vieilles puces et d'antiques punaises qui parlent de Louis XIV. » Aussi le lendemain, avant 5 heures du matin, le voyageur est-il monté dans sa chaise de poste. En 1775, il se plaindra encore de la saleté, de la vermine, de la privation de toute nourriture mangeable, dont il a souffert pendant son voyage.

Walpole donne surtout d'intéressants détails sur la société et sur l'aspect de Paris. Il trace aussi quelques traits de mœurs. Si, en 1775, il parle avec admiration des embellissements de Paris, des monuments qui s'y achèvent et de vingt nouvelles rues qui sont charmantes, avec des arcades, des jardins et des hôtels, dont quelques-uns sont délicieux, il a remarqué précédemment que, depuis son dernier voyage, les Français sont devenus très simples; certains usages mondains le surprennent parce qu'ils sont contraires aux usages anglais; il signale aussi un mélange d'ostentation et de misère. A Versailles même, sous les colonnades, dans les escaliers et jusque dans les antichambres du palais, il y a des gens qui vendent toutes sortes de marchandises.

Ce mélange de dignité et de médiocrité se retrouve dans ce joli croquis, tout à fait dans le genre de Sterne, que Walpole esquisse à Calais en 1769 : « Je me suis fort diverti du spectacle de l'arrivée d'un officier français et de sa femme dans une berline qui avait mené assurément leurs ancêtres à l'une des premières pièces de Molière. *Madame*, n'ayant pas de femme de chambre à elle, aida fort prudemment *monsieur* à détacher les malles et à débarrasser la vénérable machine de tout son bagage. Puis, reprenant l'un et l'autre les allures de leur qualité, *monsieur* offrit la main à *madame* et la conduisit en grande cérémonie à travers la cour jusqu'à son appartement. »

IV

Quels contrastes ne pourrait-on signaler entre Walpole et Franklin? L'un est un aristocrate sceptique, incisif, quelque peu paradoxal et misanthrope, ce qui ne l'empêche pas d'être homme du monde et d'aimer le monde; l'autre est un démocrate philanthrope, patriote, volontiers professeur de bon sens et de vertus bourgeoises; mais tous deux sont Anglo-Saxons, et tous deux, venus en France à la même époque, ont à peu près jugé la France de même[1]. Après avoir vu Paris et Versailles, Franklin dira : « En deux mots, il y a un prodigieux mélange de magnificence et de négligence, avec toutes les élégances, hors celle de la propreté et de ce que nous appelons la bonne tenue. »

Le « bonhomme » Franklin n'en est pas moins charmé de l'amabilité des Français. « L'accueil que nous trouvons partout, dit-il, nous donne la plus haute idée de la politesse française. C'est ici un point universellement reçu qu'on doit traiter les étrangers avec respect ; on a pour un étranger les mêmes égards qu'on a en Angleterre pour une dame. » Et Franklin cite deux faits à l'appui de son opinion ; l'un aux barrières de Paris, l'autre aux funérailles de la dauphine Marie Josèphe de Saxe, où des employés de l'octroi et un officier témoignèrent, chacun à leur façon, qu'il n'y avait pas de consigne pour les Anglais. « Pourquoi n'avons-

---

[1] *Correspondance de Benjamin Franklin* traduite de l'anglais par Édouard Laboulaye, I, 173-179 ; II, 182 ; III, 221-228.

nous pas la même politesse pour les Français[1], observe Franklin, et pourquoi les laissons-nous mieux faire que nous en toutes choses? »

Et plus tard, en 1779, lorsque le patriote américain aura séjourné à Paris pendant plusieurs années, adulé, recherché par l'aristocratie de naissance comme par celle de l'esprit, dînant en ville six jours sur sept, il dira en parlant des Français dont il vante plus que jamais l'urbanité : « Je trouve que c'est la nation avec laquelle il est le plus agréable de vivre. L'opinion commune suppose que les Espagnols sont cruels, les Anglais fiers, les Écossais insolents, les Hollandais avares, etc.; mais je ne crois pas qu'il y ait de vice national attribué aux Français. Ils sont un peu frivoles, mais cette frivolité ne fait de mal à personne. Se coiffer de façon à ce qu'un chapeau ne puisse tenir sur la tête, se barbouiller le nez de tabac, ce sont là des folies peut-être, mais ce ne sont pas des vices. C'est simplement l'effet de la tyrannie de la mode. En deux mots, il ne manque aux Français rien de ce qui appartient à l'homme aimable et au galant homme... »

Peut-être y avait-il un peu de reconnaissance pour la France qui soutenait les *insurgents* d'Amérique, dans ce portrait si favorable? Mais, comme bien d'autres, Franklin était sous le charme; il l'était déjà en 1767, lorsqu'il vint pour la première fois en France et qu'il professait le plus ardent loyalisme pour le roi et la reine d'Angleterre. A cette époque, il fut frappé

---

[1] L'incivilité des Anglais envers les étrangers est notamment signalée par Sorbière, dans son intéressante *Relation d'un voyage en Angleterre* (Cologne, 1666, p. 14, 15, 86, 87), et par Grosley dans son ouvrage sur *Londres* (éd. 1774, I, p. 150 à 200).

Vuë de la Bastille de Paris, de la Porte S.t Antoine et d'une partie du Fauxbourg

de la bonté des routes, souvent pavées et garnies
d'arbres, de la pureté de l'eau de rivière qu'on filtrait
et de la facilité de circulation dans les rues de Paris.
Quoiqu'elles n'eussent pas de trottoirs, les gens bien
mis les parcouraient à pied, parce qu'elles étaient bien
pavées, bien balayées, et que le nombre des voitures
et des chaises était moins grand qu'à Londres. On
aurait pu s'attendre de la part de Franklin à beaucoup
d'observations pratiques dans le genre des précédentes;
mais surtout pendant son dernier séjour en France,
où il était absorbé par de plus hautes préoccupations,
il paraît peu disposé à décrire ce qu'il voit. Cela est
fâcheux, car, avec son fin bon sens, ses témoignages
eussent été précieux. En 1767, il fut surpris de l'activité du travail à Abbeville. « Jamais, dit-il, je n'ai
été dans un endroit où l'on travaillât davantage; rouets
et métiers marchaient en chaque maison. » Sur sa
route, il entend des paysans qui se plaignent d'être
obligés de travailler aux routes, pendant deux mois
de l'année, sans être payés de leur peine. « Est-ce la
vérité, remarque prudemment Franklin, ou, comme
les Anglais, les Français aiment-ils à grogner sans raison? c'est ce que je n'ai pu complètement vérifier par
moi-même. »

XV

ITALIENS ET ALLEMANDS EN FRANCE AVANT LA RÉVO-
LUTION. — ALFIERI (1768-1792). — VOLKMANN. —
LE COMTE DE HARTIG (1775). — MADAME LA-
ROCHE (1785).

I

Les Italiens voyageaient moins que les Anglais;
et quoiqu'ils aient subi plus que les Anglais l'influence française, ils ont moins écrit leurs voyages.
Parmi ceux qui firent connaître leurs impressions à
leurs compatriotes, on peut citer Laffi[1], Gemelli Carreri[2], Nicolo Madrizio[3]. Ce dernier est un patricien
d'Udine, qui a jugé à propos d'écrire son voyage en
vers. Contrairement à l'opinion générale, il ne trouve
dans les villes provinciales de la France rien qui

---

[1] *Viaggio per Francia e Spagna*, Bolonia, 1681. — On
peut citer aussi pour le XVIIe siècle un voyage fait en
France en 1600 par l'architecte vénitien Vincenzo Scamozzi,
publié récemment par M. Morsolini et dont une traduction
partielle, qui concerne la région de l'Est, a été donnée dans
la *Revue de Champagne*, de novembre 1882; le *Journal
du Voyage du cavalier Bernin en France*, par M. de Chantelou, que la *Gazette des Beaux-Arts* publie depuis plusieurs
années; pour le XVIIIe siècle, le *Journal de Rosalba Carriera
pendant son séjour à Paris* en 1720 et 1721.

[2] *Viaggi di Europa*, Napoli, 1701, 2 vol.

[3] *Viaggi per l'Italia, Francia e Germania*, Vinegia, 1718,
2 vol. in-12. (Voir *Journal des Savants*, 1720, p. 513 et 529.)

réponde à la beauté et à la fertilité des campagnes, et il s'en prend à Paris, qui attire toutes les richesses du royaume, comme l'ancienne Rome attirait toutes celles de l'Italie. Plus tard des littérateurs, comme Goldoni, comme Alfieri, ont parlé de la France dans leurs mémoires. La bienveillance de l'auteur du *Bourru bienfaisant* contraste avec l'esprit de haine et de dénigrement qui anime le célèbre poète tragique. Celui-ci n'a pas pardonné à la France la perte d'une partie de sa fortune, qui fut une des conséquences de la révolution, et le jugement qu'il porte sur le pays se ressent de sa mauvaise humeur et de sa rancune[1].

C'est un caractère étrange que celui d'Alfieri. Il court la poste le jour et la nuit, rimant et pleurant dans sa berline. Il a des accès de taciturnité, qu'augmente la loquacité des Français avec lesquels il se trouve à table d'hôte. Si Marseille trouve grâce à ses yeux, il signalera à Paris l'insignifiance et la barbarie des maisons, la saleté et le gothique des églises, l'aménagement vandale des théâtres, la laideur des femmes que rachètent à peine la beauté des jardins, l'élégance des admirables promenades publiques, le bon goût et le nombre infini des belles voitures, la superbe façade du Louvre...[2]. Dans sa satire sur les voyages, l'auteur du *Misogallo* se laisse aller à toute l'expression de sa haine contre les Français; il se réjouit à Lisbonne de voir enfin s'affaiblir leur influence, si visible dans la plus grande partie de l'Europe.

----

[1] *Vita de Vittorio Alfieri. — Satire.*

[2] On trouvera des impressions moins malveillantes sur Paris dans les *Voyages en différents pays de l'Europe, en 1774, 1775, 1776, 2 vol., 1777,* lettres XXVI et XXVII, par Carlantanio Pilati, de Tessuro.

II

Les Allemands acceptaient plus volontiers cette suprématie, tout en protestant quelquefois contre elle. Jean-Jacques Volkmann, qui pria en 1787 une description de la France[1], débutait ainsi : « Parmi tous les royaumes de l'Europe, il n'en est pas de plus puissant que la France. L'Anglais, le Russe, le Suédois, l'Espagnol y affluent pour étudier sa politesse et ses usages. Le grave Allemand regarde Paris comme la source de la gaieté, de l'esprit et du savoir-vivre... » Tout en déclarant que les connaissances qu'on y acquiert pendant un séjour de plusieurs mois sont plus superficielles que solides, Volkmann n'en rend pas moins hommage aux qualités aimables des Français, à leur désintéressement, à leur générosité, à leur amour incomparable pour leur roi. Il témoigne aussi de l'intérêt que ses compatriotes portent à la

[1] *Neueste Reisen durch Frankreich vorsuglich in Absicht auf Naturgeschichte, Œkonomie, Manufakturer und Werke der Kunst aus den besten Nachrichten und neuern Schriften zusammentragen*, 1787, 3 vol. in-8°. On peut citer aussi au XVIII° siècle : Nemeitz, *Séjour de Paris oder Anleitung wie Reisende sich in Paris zu verhalten haben*, Liepzig, 1726 ; traduit en français en 1727 ; *Ueber Paris und die Pariser*, von Friedrich Schulz, Berlin, 1791, in-12 ; intéressante description méthodique. On ne saurait ranger parmi les récits de voyage prpprement dits l'ouvrage de Maurice-Auguste de Thummel, intitulé *Reise in die mittæglichen Provinzen von Frankreich*, Frankfurt und Leipzig, 1791, 8 vol. in-12 ; c'est un tissu d'aventures romanesques et de dissertations philosophiques auxquelles le midi de la France sert de cadre. Les petites vignettes placées au frontispice de chacun des petits volumes dont se compose cet ouvrage peuvent donner idée des sujets qui y sont traités.

France par les descriptions détaillées qu'il lui consacre. Il n'a pas seulement pris pour guide l'édition de 1780 du *Nouveau Voyage de France* de Piganiol de la Force, dont il reproduit jusqu'aux divisions par grandes routes, il a consulté des ouvrages spéciaux et récents, qu'il indique dans quelques-unes de ses notes. Ses trois volumes formaient à la fois un manuel complet pour les voyageurs et un bon traité géographique, où les renseignements statistiques ne font pas défaut.

Un gentilhomme autrichien, le comte de Hartig, qui séjourna trois mois à Paris en 1775, déclare aussi comme Volkmann, que « les Allemands regardent cette grande ville avec admiration et respect, qu'ils adoptent ses mœurs comme des lois, ses vices comme des leçons de bienséance et sa langue comme la science la plus essentielle pour distinguer l'homme de la brute ». Hartig consacre un grand nombre de ses lettres[1] à la peinture de Paris et de ses plaisirs. Il a parcouru seulement quelques provinces, telles que la Champagne, où des femmes attelées à la charrue et des paysans qui mangeaient du trèfle cuit à défaut de pain lui ont semblé plus misérables que les serfs de son pays; en revanche, il a assisté à Reims aux fêtes du sacre, et il a logé dans la belle maison de M. Ruinart, dont la cave renfermait deux cent mille bouteilles de champagne rangées en bon ordre.

[1] *Lettres sur la France, l'Angleterre et l'Italie*, par le comte F. de H., Genève, 1785, in-8°. François-Antoine de Hartig (1758-1797), ambassadeur d'Autriche à Dresde de 1787 à 1790, écrivit en français la plupart de ses ouvrages.

III

Une femme aimable et distinguée, Mme Laroche, a vu la France sous son aspect plus vrai et plus riant. Marie-Sophie Guterman, qui épousa un conseiller de Mayence nommé Laroche, avait de bonne heure donné des preuves de rares qualités littéraires. Elle publia plusieurs romans, qui eurent un légitime succès, et dans lesquels respirait, suivant un de ses biographes, « une âme sensible et vertueuse. » Cette âme sensible se révèle dans le Journal du voyage qu'elle fit à Paris, à Bordeaux et au Havre, dans le courant de l'année 1785[1]. Mme Laroche a le goût des observations familières, des détails vrais, des épisodes intimes ; elle porte intérêt à tout ce qu'elle voit ; elle ne se complaît pas seulement dans la société polie, dans le spectacle des grandes et belles choses ; elle aime à causer avec les gens du peuple, à pénétrer dans leurs demeures, à s'enquérir de leur manière de vivre, à parler avec eux de ce qui les touche le plus, de leur travail, de leurs ressources, de leurs enfants ; elle décrit leur maison, leur costume, leurs habitudes, non pas avec un sentiment de curiosité banale, mais avec une sorte de sympathie inspirée par une bienveillance naturelle. Son journal, rempli d'observations de tout genre, tracées avec sagacité,

---

[1] *Journal einer Reise durch Frankreich von der Verfasserin von Rosaliens Briefen*, Altenburg, 1787, in-8° de 500 p. — Je dois la connaissance et la communication de ce très intéressant ouvrage à l'extrême bienveillance de M. Xavier Marmier.

parfois même avec émotion, nous montre, mieux qu'aucun autre récit contemporain, les multiples aspects de Paris et d'une partie de la France, à la fin du règne de Louis XVI.

Que de remarques elle fait sur sa route, soit en regardant par les portières de sa voiture, soit en s'arrêtant à la poste ou en montant les côtes à pied ! Voici, dans les villages de Champagne, les femmes et les filles, assises, au soleil de mars, avec leur rouet, en surveillant les jeux des petits enfants ; enfants robustes, gais, avec le plus beau teint, tandis que parfois les hommes paraissent pâles et maigres. Voici, près de Reims, une paysanne, sur un âne, entre deux paniers de fleurs ; puis des voitures rustiques, remplies de femmes et d'enfants, qu'abritent des rameaux verts, courbés en cerceaux. Et plus loin, sur les bords de la Loire, voici les paysannes qui marchent, la quenouille au côté, filant et chantant ; d'autres, assises dans les champs ou à l'ombre des arbres, filent en gardant deux ou trois vaches, qu'on aperçoit à travers les peupliers. « J'ai rarement vu, dit Mme Laroché, tableau plus pittoresque. » Elle estime singulièrement les paysannes de France. Elle admire leur activité, leur langage affable, leur ordre, leur amour du travail. Dans le Maine, où toutes filent, tissent et blanchissent, elles ne sont pas moins laborieuses qu'en Touraine. Dans le Périgord, on les rencontre, toujours diligentes, portant des corbeilles sur leur têtes, filant partout où elles vont le long chanvre blanc dont elles sont fières ; on les voit, dans les villages, travaillant à l'aiguille à l'ombre des maisons, tandis que les enfants essaient leurs premiers pas dans des sortes de supports à quatre pieds et partagent leur pain du soir avec les poulets qui les entourent.

.Mme Laroche se plaît à esquisser les scènes de famille ; par exemple à dépeindre un jeune ménage, assis à la porte de sa chaumière avec ses petits enfants ; elle se plaît à raconter l'acte de probité d'une petite paysanne qui lui rapporte une bourse perdue et répond à ses remerciements avec simplicité, en disant qu'elle n'a fait que son devoir. Elle ne peut manquer de parler des costumes. Si elle trouve très messéants les bonnets et les cols de toile jaune des femmes des environs de Saint-Dizier, elle apprécie davantage chez les femmes du Périgord leurs souliers à hauts talons, les blanches manches de leurs corsages bruns et bleus, si blanches qu'on croirait qu'elles ne travaillent tant que pour pouvoir en changer souvent. Elle décrit surtout avec complaisance le costume d'une maîtresse de poste de Normandie : corps de jupe de damas avec manches rouges, manches de fine batiste relevées en bourrelets vers l'épaule, jupe de drap rouge fin avec galon, tablier de toile blanche, grand bonnet de batiste, garni dans le haut de damas blanc et d'un galon d'argent, et orné de pointes semblables à des ailes attachées à un pain de sucre de carton. Ces bonnets ont frappé Mme Laroche ; près du Havre, elle rencontra des femmes ainsi coiffées, à cheval, entre deux corbeilles. « Le mouvement du cheval et du vent, dit notre voyageuse, agitait et faisait voler les ailes et les hautes coiffures d'une manière si divertissante que nous ne pûmes nous empêcher d'en rire. »

Chemin faisant, elle pénètre dans les chaumières et les maisons, où elle est reçue d'une manière affable. Elle s'étonne de l'exiguïté, de la pauvreté de la cabane où vit un ménage de manouvriers champenois ; dans une chambre de seize pieds sur huit, tout le mobilier se trouve réuni : sur le lit, une paillesse et une couverture rouge. De l'autre côté, la cheminée, une table et des bancs ; dans le fond, un petit cellier pour mettre le vin et l'eau-de-vie... Mais tout était si propre et la jeune femme si avenante, que Mme Laroche en fut touchée. Plus loin, à Étang, sur la route de Paris à Orléans, elle aperçoit, à travers les portes ouvertes des maisons, des batteries de cuisine brillantes, des lits propres et bien ornés, un mobilier en ordre, dans l'unique pièce dont les paysans français font d'ordinaire leur chambre à coucher et leur cuisine. Chez les gros fermiers, chez les maîtresses de poste, la cuisine est spacieuse, avec sa vaisselle brillante, sa grande table de chêne ciré, sa cheminée garnie d'un four et de fourneaux ; mais il s'y trouve aussi une chambre à coucher, comme celle de la maîtresse de poste normande dont nous parlions récemment, qui contient un très beau *lit à la duchesse,* de belles armoires, et une table de toilette, couverte d'une housse et de ses accessoires.

Mme Laroche ne se contente pas de faire l'inventaire du mobilier ; elle parle des jardins et des vergers ; elle s'enquiert de la valeur des petites fermes, du prix des terres ; elle veut savoir ce qu'on mange ; elle observe la qualité du pain ; dans certaines villes, elle note le prix des œufs et de la viande, qui varie singulièrement selon les localités et les provinces. A Châtellerault, elle interroge une coutelière sur la nourriture qu'elle donne à son mari : du pain et de la soupe, plusieurs fois par jour, lui répond-on, parce que la viande est trop chère ; soupe aux carottes, soupe aux herbes ou à l'oignon, avec de l'huile. On boit de l'eau, mais le lundi, le mari va boire du vin avec ses compagnons au cabaret.

Tout ce peuple néanmoins a l'air heureux. On arrive un dimanche dans un village de Beauce. Femmes, enfants, jeunes gens, filles et hommes, sont tous dans la rue, bien vêtus, passant leur temps à babiller avec les voisins, à chanter ou à jouer aux quilles, aux billes et au volant. Près d'Angerville, de belles maisons de campagne s'élèvent de toutes parts, au milieu de plantations de bouleaux et de peupliers. L'activité du laboureur est admirable. Il est presque impossible de voir une terre meilleure, mieux cultivée, plus fertile. Tout paraît un élégant jardin. Sur les bords de la Loire, tout est mieux encore. Des maisons de paysans très prospères, de superbes châteaux et villages sur les rives, ou épars sur les collines ; une population florissante et laborieuse ; partout l'aspect de la fertilité ; Mme Laroche éclate en sentiments d'admiration. « Quel magnifique coin de la terre du bon Dieu j'ai vu ! s'écrie-t-elle. C'est la nature dans toute sa beauté. » Elle dit ailleurs avec plus de calme et peut-être de raison : « Nous ne connaissons pas la France, ni ses ressources intimes, ni son véritable caractère, quand nous n'avons vu que Paris et ses environs. Nos paysans ne sont pas aussi laborieux que ceux de Touraine. »

Cet éloge de l'activité laborieuse des paysans français se retrouvera souvent sous sa plume. Après Angoulême, les terres sont moins bonnes ; mais le travail du laboureur est toujours le même. Tout est bon et beau à plaisir. Près de Montlieu, les paysans ont tiré parti de terres ingrates, à force d'activité, de courage et d'intelligence ; depuis douze ans, les maisons et les vergers se sont multipliés. Dans le Périgord, on ne rencontre pas un mendiant ; le peuple est très actif et travaille de toutes parts aux vignes. Les environs de Libourne ont quelque chose d'idyllique. « Il me semble que je n'ai rien vu de plus attrayant, dit Mme Laroche, que les collines descendant en pente douce dans les larges vallées, couvertes de riches champs à perte de vue, ombragées de milliers d'arbres, avec leurs petits villages, leurs chaumières isolées, leurs bosquets, et des paysans affables et gais comme il convient aux habitants de cet heureux coin de terre. » A une autre extrémité du royaume, en Normandie, la fertilité du sol ravira Mme Laroche ; les maisons à toit de chaume, avec des carreaux de vitre enchâssés dans la terre glaise pour épargner des châssis, s'élèvent dans des enclos ombragés d'arbres fruitiers, au milieu d'admirables champs de blé et de trèfle.

Les villes présentent comme les campagnes un aspect d'activité et de prospérité. Blois, par exemple, a de belles maisons, de nombreuses boutiques ; les habitants sont tous bien mis et de bonne mine ; dans les boutiques, on voit beaucoup d'ouvriers et d'apprentis au travail. Vierzon est une jolie ville. Beaucoup d'images ou de statues de la Vierge sont peintes ou dressées contre les maisons. Tous les habitants sont laborieux, toutes les maisons bien bâties. Châteauroux est une assez grande cité. Tout le monde vit et tisse dans les rues qui sont très propres. Dans les cours et sous les hangars, femmes, filles, garçons, tous proprement vêtus, travaillent au rouet. Le soir

Mme Laroche se promène avec l'aimable et intelligente fille de l'hôtelière, et remarque les bâtiments d'une grande manufacture de toiles qui fait vivre 15000 personnes. — Limoges offre de jolis aspects avec ses charmantes promenades, ses belles maisons et ses jardins qui descendent en terrasses jusqu'à la Vienne. Il est inutile de parler de villes plus connues, comme Paris, Orléans, Tours, Bordeaux; celle-ci présente à côté de ses vieilles rues étroites et tortueuses de nombreuses maisons neuves, pour la plupart garnies de balcons, sur lesquels viennent s'asseoir de gracieuses jeunes femmes causant entre elles ou jouant avec leurs enfants.

La société de la haute bourgeoisie de Bordeaux est singulièrement attrayante. Mme Laroche nous introduit dans l'intérieur de plusieurs agréables maisons. Ici, c'est une mère encore jeune entourée de ses filles, se livrant avec elles à des travaux de couture : la mère, dont les traits respirent la bonté, la sérénité, la prudence; les filles, habillées de blanc, élégantes, à la fois ingénues, éveillées et prévenantes; là, ce sont de vénérables aïeules, chez qui la vieillesse n'a pas éteint l'amabilité; ailleurs, de charmantes jeunes femmes qui montrent ce que l'on peut trouver de grâce et d'attrait chez une Française bien née. La conversation vive et légère ne tarit pas autour d'elles; on chante, on récite des vers, et Mme Laroche peut s'écrier qu'elle se trouve dans une vraie société française, où, selon le mot de Montesquieu, la mélancolie elle-même s'égaierait.

La gaieté, la bonne humeur se rencontraient fréquemment en France, quoi qu'en ait dit Storch, qui n'a guère observé que Paris. A Bordeaux, les hommes,

même âgés, sont encore gais et polis. Dans beaucoup
de rues, aux premiers jours de mai, des guirlandes
de fleurs sont tendues, et les jeunes gens dansent sous
leur abri, tandis que les personnes plus âgées les
regardent, assises au seuil de leurs portes. « La libé-
ralité de la nature, dit alors Mme Laroche, rend le
travail moins pénible, et fournit les éléments de la
gaieté et de l'allégresse, qui sont le partage de l'heureux habitant de ce royaume. » En revenant de Normandie, elle traverse plusieurs villages à l'époque
des fêtes de la Saint-Jean. Beaucoup d'enfants sont
couronnés de roses et des femmes portent des corbeilles pleines de ces couronnés. Les enfants se
rendent à l'église avec un morceau de bois, destiné
au feu qu'on allumera le soir et autour duquel ils
doivent danser.

Le cadre de ce travail ne me permet pas de faire
connaître les nombreux détails que donne Mme Laroche sur Paris, sur Versailles et ses environs, sur
l'aspect de la ville et de la cour; il y aurait de nombreux et curieux épisodes à relever, tels que le récit
de ses visites à Buffon et au château de la Brède, où
vivait encore le souvenir de Montesquieu. Comme
tant d'autres voyageurs, Mme Laroche fait l'éloge des
routes, qui sont aussi remarquables dans leur genre
que les salles de spectacle dans les villes de province.
Elle fait aussi l'éloge des hôtels. Sans doute, ils ne
sont pas tous comparables à celui de Châlons, où,
comme du temps de Montaigne, les chambres sont
tendues de damas, et le service est fait en vaisselle
d'argent; ils ne sont pas tous semblables à l'hôtel
d'Orléans, à Paris, dont les belles chambres, garnies
de tapis, de lits de damas bigarré, étaient meublées

de canapés et de sièges recouverts de velours ; mais
partout, même dans les plus petites localités du centre
de la France, elle a trouvé des chambres hautes, avec
des lits garnis au moins de deux matelas, souvent
même de trois, de telle sorte qu'il fallait se servir
d'une chaise pour monter dans son lit. Tout en déclarant que les aubergistes sont très bavards et quelque
peu querelleurs, elle en a vu quelques-uns, surtout
dans les petites localités, qui participaient de l'esprit
affable qui caractérisait la nation.

« Cet esprit affable, dit-elle à Angoulême, rapproche
les distances... Je suis ici étrangère, j'aime ma patrie,
mais je suis juste et je reconnais que la jouissance
constante de l'amabilité, de la sociabilité, de la gaieté,
de l'obligeance, est une des plus grandes parts d'une
vie heureuse, et ce bonheur, la terre de France le
donne surtout... » Au moment de quitter Paris, elle
se réjouit de revenir chez elle ; mais elle dit en même
temps : « Tout ce que j'ai vu et entendu de grand,
de bon, de beau et de vrai m'a charmée, et c'est pour
moi un plaisir infini d'avoir une connaissance juste
de la France et de ce qui lui appartient... et de revenir
avec des notions qui me permettent de décrire ce pays
dans ses petites comme dans ses grandes choses... »
Mme Laroche avait raison ; elle a rapporté de son
voyage un livre des plus intéressants et des plus
curieux, qui mérite d'être connu plus qu'il ne l'est,
et que nous avons le regret de ne pouvoir analyser ici
d'une manière plus complète.

XVI

BÉRENGER (1785).

Bérenger, auquel écrivait Crignon, est l'aimable
auteur d'un livre trop oublié de nos jours, la *Morale en
actions*, et d'agréables relations de voyages en France,
et particulièrement en Provence[1]. Il y place peut-être
en trop grande quantité les fleurs de rhétorique, dont
il a dû recommander l'emploi à ses élèves; il y met
peut-être trop de lumières et pas assez d'ombres. Cela
tient à sa nature, à sa manière de voir. Généralement,
il préfère les campagnes riantes aux sites imposants,
les villes bien bâties aux villes pittoresques. Joigny,
qui est propre et bien déployée, est supérieure pour
lui à Troyes, à Sens et à Auxerre, qui sont bâties à la
diable, avec des pignons pointus, des pièces de bois
peintes et chamarrées, des auvents souples et soutenus
par des piliers, auprès desquels s'élèvent parfois
quelques belles maisons en pierres. Il trouve la forêt
de Fontainebleau « affreusement belle »; mais ce qu'il
exalte surtout, c'est le paysage qui s'étend depuis Tré-
voux jusqu'à Lyon. Il ne connaît rien de si beau dans
l'univers. S'il avait dit en France, son jugement aurait
eu plus de valeur, car je ne crois pas que le bon Lau-

---

[1] *Les Soirées Provençales ou Lettres de M. L.-P. Bérenger*,
troisième édition, 2 vol., 1819. La première édition est de
1786. — Parmi les voyages faits antérieurement en Provence,
on peut citer la *Relation d'un voyage fait en Provence*, par
de Préchac, Paris, 1683, in-12.

rent Bérenger ait voyagé à l'étranger. Il n'en a pas moins tracé un tableau très séduisant de cette belle vallée de la Saône, qu'il compare un peu trop facilement, sur la foi des poètes, aux vallées de l'Arcadie et de Tempé, mais qui méritait à coup sûr l'admiration des voyageurs.

Bérenger ne se contente pas de décrire les paysages et les monuments, il s'occupe aussi des personnes qu'il rencontre. Le joli dessin qu'il trace, tout à fait dans le goût de Greuze, de ce jeune homme de vingt ans, vêtu honnêtement, mais très simplement, bien coiffé, très poli, chose si rare à cet âge ; qui monte avec lui dans le coche, portant une grosse touffe de roses, attachées à ses boutonnières à l'aide d'un ruban bleu. De prime abord, Bérenger n'est point disposé à estimer ce jeune homme, qui pendant tout le voyage semble prendre des soins minutieux pour conserver la fraîcheur de ses roses ; mais sa mauvaise impression se modifie, lorsqu'en arrivant à Sens, le jeune voyageur se jette dans les bras de sa mère, en lui offrant ce bouquet pour sa fête. Des scènes de famille de ce genre étaient les bonnes fortunes de voyages en diligence, qui avaient aussi leurs mauvais côtés : compagnons étrangement assortis, cahotage épouvantable de Paris à Fontainebleau, désagrément de repartir avant le jour, d'arriver toujours de nuit, de ne pouvoir marcher qu'aux montées ; sans compter les lenteurs du voyage, dont Bérenger ne parle pas, parce qu'on y était habitué.

Aussi avec quelle satisfaction l'on arrivait à Chalon-sur-Saône, où l'on quittait la fastidieuse voiture pour s'embarquer sur la Saône. Le voyageur était disposé à admirer cette ville, dont les quais étaient garnis de maisons modernes, à s'extasier sur la richesse de son marché, sur les fermières si fraîches, les laitières si propres et d'un teint si vermeil de santé, qui le fréquentaient. Il décrivait avec une sorte d'attendrissement, qui était dans le goût du temps, leurs ajustements, à la fois si galants et si modestes, leur babil et leurs invitations villageoises si différentes du ton des revendeuses de Paris. Bérenger a un faible pour les marchés. Ceux de Marseille et de Toulon étaient sous les ombrages des Cours des échantillons de tous les fruits du Midi, arrangés en pyramides ou en amphithéâtre sur des clayons et des tablettes très propres, tandis que des jeunes filles, en blancs corsets, en souliers plats, en chapeaux gris ceints de rubans argentés, offrent aux passants des plantes ou des bouquets de fleurs.

Bérenger se plaît à dépeindre les jolis costumes des jeunes femmes du Midi. Ils nous montre les Arlésiennes, avec leurs jupons courts, laissant voir leurs souliers sans talons ornés de larges boucles, leurs bras parés de bracelets à l'antique, formés d'un fil d'or où s'entrelacent des anneaux, leurs colliers auxquels est suspendue une croix d'or. Elles ont sur la tête un foulard foncé à fleurs jaunes, et leur corsage noir fait ressortir l'éclat de leur carnation et la vivacité de leur regard. Les paysannes de Provence ne sont pas moins avenantes, avec leurs jupons rouges, leur chaîne d'argent formant ceinture, leur chapeau gris rabattu et entouré de rubans à fleurs et de rubans argentés. Avec quel entrain elles chantent, à l'époque des vendanges, lorsque, vers le soir des beaux jours d'automne, le couchant se parsème de nuages couleur de rose ; le galoubet partout se fait entendre, et l'on voit descendre des vignes de longues chaînes de mulets, agitant leurs panaches et faisant résonner les grelots et les sonnettes dont leur collier est chargé.

La Provence a conservé quelques-uns de ses vieux usages, qui s'effacent ailleurs. Si l'on ne jouait plus dans les églises de Marseille la Passion avec des marionnettes, comme on l'avait fait jusqu'en 1760, on y avait gardé longtemps d'autres coutumes empruntées à l'Italie et que plusieurs villes de la Rivière de Gênes observent encore de nos jours. Telles étaient certaines représentations dramatiques, souvenir des anciens mystères, où l'on voyait la Madeleine, Geneviève de Brabant ou la sainte Vierge fuyant en Égypte. Des petites filles, habillées de riches vêtements, avec des voiles précieux et des couronnes d'or, jouaient le rôle de la sainte Vierge[1], tandis que des petits garçons, couverts d'une peau d'agneau, rappelaient saint Jean-Baptiste. Le père Papon, dans son savant et lourd *Voyage littéraire de Provence*, veut bien nous apprendre que les bouchers, habillés en coureurs, suivaient à Marseille la procession de la Fête-Dieu, avec un bœuf couronné de fleurs et sur le dos duquel se tenait un petit saint Jean-Baptiste costumé de la sorte.

Bérenger se plaît, comme ses compatriotes, à rattacher les anciens usages de la Provence à des traditions grecques ou asiatiques. Il fait remonter jusqu'à des danses inventées par Thésée les cavaliers-frisques, qui, le corps passé dans un cheval de carton bien caparaçonné, forment des quadrilles en le faisant caracoler. Il cherche en Asie l'origine des feux de la Saint-Jean,

---

[1] Nous avons vu en 1880, à Sestri près de Gênes, une procession admirable par la richesse artistique des ornements et des costumes, précédée d'une trentaine d'enfants costumés en saints et en saintes.

que franchissent les jeunes gens en riant, et qui leur fournit l'occasion de s'inonder d'eau de senteur au moyen de petites seringues de cristal. Il voit aussi dans les bonnets de drap des pêcheurs un souvenir des bonnets phrygiens.

Les montagnards de la haute Provence avaient conservé quelque chose du costume de leurs ancêtres. Les femmes portaient des robes de gros drap marron, plissées sur les hanches. L'innocence et la douceur des mœurs de ces montagnards contrastait avec la brutalité des paysans des environs de Marseille et de Toulon. Ceux-ci portaient des guêtres de peau rousse et des bonnets rouges.

Près de la Provence, se trouvait le comtat d'Avignon, qui alors appartenait au pape. Il présentait des villes ornées de fontaines et ceintes de remparts flanqués de hautes tours; des avenues magnifiques plantées d'ormes et de peupliers, garnies çà et là de longs bancs de pierre, comme pour inviter au repos; de superbes hôpitaux partout multipliés; des plaines fécondes sillonnées de canaux d'irrigation. Le paysan y payait peu d'impôts; il ne connaissait ni la taille, ni les aides, ni les gabelles, ni les vingtièmes; il ne redoutait ni commis ni collecteurs. Partout, les apparences de l'aisance et de la fertilité; et cependant le pays semblait relativement désert; les villes y étaient mortes, les villages rares, et les bords des rivières, ailleurs couverts de hameaux, étaient sans habitants. Spectacle de nature à faire réfléchir un philosophe, qui pouvait se demander pourquoi la population semblait se raréfier dans un petit État, dont les sujets étaient régis avec douceur et ne subissaient aucune des charges que les grands États sont obligés d'imposer aux leurs.

XVII

UN VOYAGEUR DE COMMERCE. — MARLIN (1775-1792).

Un lettré comme Bérenger cherche surtout à mettre
en relief les aspects pittoresques des contrées qu'il
décrit; Marlin, qui fait de nombreuses tournées en
France dans un but commercial, note au contraire
sans grand discernement tout ce qu'il a vu. Les marchands et les négociants ont toujours beaucoup voyagé;
mais ils n'ont d'ordinaire écrit sur leur carnet que
leurs opérations commerciales. Marlin, sous ce rapport, est une exception. Il avait toujours eu le goût des
voyages; car il débuta par l'Afrique et par l'Amérique,
où il alla six fois. Au moment où il écrivit la première
de ses excursions en France[1], il avait habité vingt-
quatre villes; il en avait vu cent trente considérables.
Observateur minutieux, il ne suit pas toujours les
grandes routes, il évite les messageries, qu'il appelle
des cachots ambulants. Ses relations avec Rétif de la
Bretonne et surtout avec Mercier lui ont donné quelques
prétentions littéraires; mais s'il évite les généralités
qui disent trop ou trop peu, il se laisse aller trop souvent à des réflexions banales, qu'il a soin de faire imprimer en caractères italiques. C'est du reste un bon

[1] *Voyages en France et pays circonvoisins depuis* 1775
jusqu'en 1807. — Paris, 1817, 4 vol. in-8°.

père de famille, qui court le monde avec sa jeune fille
Tullie, habillée en garçon ; un homme d'opinions modé-
rées, sans parti pris, sinon contre les lazaristes qu'il
n'aime pas, et qui fait de longs trajets en France pendant la Révolution, sans se préoccuper beaucoup de
l'agitation qu'elle excite.

Il ne parle pas des affaires pour lesquelles il se
déplace ; il parle à peine des hôtels, des moyens de
transport, de ses compagnons de voyage. Cependant il
donne quelques détails sur les *commis voyageurs*,
dont le nom était nouveau, et qui garnissaient toutes
les tables d'hôtes. « Qu'est-ce que des commis voyageurs ? dit-il. Ce sont ordinairement de jeunes hommes,
qui pour le compte d'une maison vont annuellement
dans toutes les villes du royaume quêter des commis-
sions. On n'allait d'abord offrir que des étoffes ; aujour-
d'hui les épices, les vins et beaucoup d'autres marchandises vont chercher du débit et exciter les consom-
mations. Parmi tous ces ambassadeurs du négoce, vous
distinguerez facilement un Lyonnais ; il a le verbe
haut, l'organe clair et sonore ; il parle avec esprit,
mais il est tranchant, hardi... Le Languedocien est
doux, poli et porte un front ouvert. Le Normand
écoute plus qu'il ne parle ; il est défiant et excite à la
défiance. Cependant nul de ces députés de la république marchande ne vous servira mieux que lui ; vous
trouverez même assez souvent l'envoi au-dessus de
l'échantillon. Je ne vous donne pourtant pas cette remarque pour absolue. »

Marlin n'aurait-il pu en dire autant des jugements
qu'il porte sur les habitants de certaines villes ? C'est
ainsi qu'il signale beaucoup de morgue à Arras, de la
raideur à Saint-Quentin. Ses compatriotes, les Dijon-

nais, sont surtout traités par lui avec une rigueur qui
paraît injuste. Il ne rencontre dans les rues de Dijon
que des physionomies dures, graves, pédantes. Les
bourgeois, selon lui, sont des perruquiers enrichis, à
la fois chiches et glorieux. Quant aux gens d'Orléans,
ils ne sont pas seulement bossus comme du temps de
la Fontaine; beaucoup d'entre eux sont en outre
borgnes ou boiteux. En revanche, il fera l'éloge de la
politesse aisée, de la franchise apparente des habitants
de Chalon-sur-Saône et de la gaieté quelque peu écer-
velée des Brestois. Où il est plus précis, c'est lorsqu'il
parle du pavage et de l'éclairage des villes. Il semble
s'être fait une spécialité de signaler l'état du pavé dans
chacune d'elles. « Les voyageurs qui ont montré
quelque exactitude, dit-il lui-même, ne sont jamais
entièrement oubliés. » Il est certain que si ses récits
sont monotones et difficiles à lire, par suite de la multiplicité des détails qu'ils renferment, ils peuvent donner des renseignements utiles sur l'état de la France à
la veille de la Révolution.

En effet, Marlin fait de nombreuses remarques dans
ses tournées. Il va dans les cantons les plus reculés; il
note tous les accidents du chemin; il dit si le pays est
plat ou « monticuleux », s'il est fertile ou s'il ne l'est
pas; quelles terres sont cultivées, quelles terres sont
en friche. On est étonné, mais fatigué, de cette suc-
cession de paysages souvent dénués de relief qui se dé-
roulent dans les pages de ses livres comme devant les
portières d'un wagon. De temps en temps, le costume
des gens du peuple vient leur donner quelque couleur.
Ici, ce sont les Cauchoises, avec leurs toques d'or et
d'argent environnées de belles dentelles ou leurs hauts
bonnets garnis de rubans; là, les jolies coiffures à l'an-

Le coche d'eau au XVIIIe siècle, d'après une estampe de Michol et Danoa, de 1764.

glaise des femmes des environs de Seurre et de Verdun-sur-Saône ; ailleurs, ce sont les Limousins grossiers, vêtus de gris bleu, avec leurs longs cheveux tombant sur leur poitrine ; les hommes des bords de l'Adour, en dalmatiques brunes serrées à la taille par une ceinture de cuir ; ceux du Velay et de la Bresse, en tabliers de peau ; les Lorrains vêtus de verts ; les Angevins et les Forésiens, de rouge brique. Ici, l'aspect de la misère ; là, celui de l'aisance ; les Bretons chantant, à demi vêtus de haillons d'une grosse étoffe d'un brun savoyard, manquant de tout sur un sol fertile ; les villageois des environs de Plombières mal vêtus, hâves et tristes ; en revanche, les jolies Forésiennes évoquent dans l'esprit du voyageur les souvenirs de l'Astrée et rendent plus séduisants les bords idylliques du Lignon. En Normandie, la bonneterie et la filature répandent l'aisance dans les campagnes ; il en est de même des environs de Colmar, où les paysannes de l'Alsace apparaissent sveltes, fraîches, propres et blanches. Près de Saint-Étienne, tous ont un air d'aisance et de contentement qui dilate l'âme ; ce qui la réjouit le plus, c'est que ces charbonnières ont le teint clair et frais... Marlin dépeint avec une sorte de simplicité pénétrante une scène rustique, qu'un soir il lui est donné d'entrevoir dans un hameau de l'Auvergne. « Les femmes et les filles, assises sur une porte, la quenouille au côté, saluent, bien attentives et sans se déranger pourtant de leur travail. Ces femmes ne sont nullement belles, mais elles portent une physionomie douce qui touche l'âme sans étonner les yeux. »

Un des mérites de Marlin, c'est d'exprimer sa propre opinion et non celle de ses devanciers. Il conteste les anciennes réputations, comme celle de la Touraine, qu'il trouve usurpée ; il n'a point de connaissances en archéologie, et le sentiment de l'art est chez lui peu développé ; mais il est indépendant, parce qu'il n'appartient à aucune école, et il se permet d'admirer les beaux édifices du moyen âge, qu'il attribue aux *Goths*. Il a vu tant de villes qu'il peut bien les comparer entre elles. Il préfère Bordeaux à Rouen ; il trouve qu'à Rouen les rues sont propres et l'intérieur des maisons sale ; à Marseille, c'est le contraire qu'il a remarqué. Il signale à Saint-Quentin, à Lorient, au Mans, la misère et la saleté des quartiers habités par les pauvres et les ouvriers. Cette saleté se retrouvera jusque dans la magnificence de certaines rues de Bordeaux. A côté des cités vivifiées par le commerce, il présentera le tableau de villes inanimées, comme Bourges, où il semble qu'on n'entende pas un coup de marteau, et Saint-Jean-d'Angély, où l'on erre dans des rues mal pavées, aussi désertes que les corridors d'un couvent pendant que les religieux sont au chœur, et d'autant plus solitaires que la fièvre, qui sévit, retient au lit une partie de la population.

Si l'on voulait comparer les voyages de Marlin à d'autres, le nom d'Arthur Young viendrait de lui-même à la pensée. Le négociant bourguignon a parcouru la France dans tous les sens, comme l'agronome anglais ; il en a décrit la configuration, l'apparence extérieure avec bonne foi, avec exactitude ; mais ses observations, qui mériteraient d'être mises à profit plus qu'elles ne le sont, sont dépourvues de l'autorité qu'une intelligence supérieure, des connaissances spéciales et l'esprit de méthode donnent aux témoignages d'Arthur Young.

Marlin, qui était orginaire de Dijon, n'a publié ses

itinéraires détaillés qu'en 1817 ; il n'est pas à supposer qu'ils auraient eu plus de succès s'ils avaient été publiés à la veille de la Révolution, où l'on demandait souvent aux voyageurs, à défaut de qualités littéraires, des descriptions techniques et des notions scientifiques.

XVIII

LES VOYAGES DANS LES MONTAGNES. — LEGRAND
D'AUSSY (1786). — RAMOND (1787). — DUSAULX
(1788).

Le goût des sciences naturelles se développa singulièrement dans la seconde moitié du XVIIIe siècle; il
suscita de nombreuses recherches, de nombreux écrits;
il inspira l'étude du sol, de sa constitution et de ses
produits. Certains voyageurs ne se bornèrent pas à décrire les villes, les monuments, les mœurs; ils s'occu-
pèrent avec un soin particulier de la géologie et de la
botanique. Le père Papon, dans son *Voyage littéraire
de Provence*[1], ne traite pas seulement des antiquités
des villes et des souvenirs historiques qu'elles évoquent;
il discute sur la constitution des montagnes, sur les
atterrissements des fleuves, sur la pluie et les vents,
sur les plantes indigènes les plus remarquables.
Legrand d'Aussy, dans son *Voyage d'Auvergne*[2], ne se
contente pas de tracer un tableau assez intéressant de
Clermont-Ferrand et des mœurs des montagnards; il
s'étend particulièrement sur les phénomènes volca-
niques que présente cette partie de la France. Son livre

[1] *Voyage littéraire de Provence,* par M. P. D. L., Paris,
1780, in-12.
[2] *Voyage d'Auvergne,* par M. Legrand d'Aussy, Paris, 1788,
in-8°.

est substantiel, rempli d'observations faites d'après
nature. Le censeur royal, chargé de l'examiner, n'hési-
tait pas à dire qu'il « était fait pour servir de modèle
et tel qu'il serait à désirer que l'on en publiât sur chacune des provinces de France ». Peu de provinces auraient fourni aux savants des curiosités géologiques
aussi nombreuses que l'Auvergne. Les pays de montagnes seuls pouvaient en présenter, et c'est pour cette
raison qu'on les étudiait avec une ardeur particulière,
au point de vue pittoresque comme au point de vue
scientifique.

Le XVIIIᵉ siècle a pour ainsi dire découvert
les montagnes. Depuis que Wyndham et Pococke
s'étaient avisés d'aller à Chamounix, le mont Blanc et
ses glaciers furent révélés à l'admiration du monde.
On n'y courut pas cependant immédiatement. Quinze
ans après le voyage de Wyndham et Pococke, Mᵐᵉ du
Boccage [1], se trouvant à Lyon, entend parler des *gla-
cières* de la Suisse comme d'une merveille trop ignorée.
C'est « une chaîne de montagnes longue de vingt-cinq
lieues, dit-elle, où les curieux osent faire de petits
voyages... Ces monts, tout de glace et sans doute inha-
bitables, n'ont point dégelé depuis la création ; on en
montre d'immenses lambeaux tombés, selon la tradition de la république, bien avant sa fondation ». Et
Mᵐᵉ du Boccage ajoute que les bergers de ces vallons
devraient y sculpter l'image de leurs belles pour im-
mortaliser leurs amours ! Si la renommée des mon-

[1] *Lettres de Mᵐᵉ du Boccage contenant ses voyages en
France, en Angleterre, en Hollande et en Italie, écrites pendant les années* 1750, 1757 et 1758. Dresde, 1771, p. 349. —
Les lettres de Mᵐᵉ du Boccage qui concernent la France ne
valent guère la peine d'être analysées, quoique ce recueil de
lettres soit considéré comme un de ses meilleurs ouvrages.

tagnes pouvait inspirer de telles extravagances à une femme qui se piquait d'esprit, leur réalité n'avait eu longtemps aucun attrait pour les voyageurs. Voisenon s'écrie, lorsqu'il séjourne à Cauterets en 1761 : « Ce pays-ci ressemble à l'enfer comme si on y était, excepté pourtant qu'on y meurt de froid ; mais c'est une horreur à la glace... » Une baigneuse de Barèges disait encore en 1787 à Dusaulx, en parlant des Pyrénées : « Que pensez-vous de ces horreurs? » — Et Dusaulx de répliquer avec toute l'emphase de l'époque : « Des horreurs ! Quand il s'agit d'un des sanctuaires des plus vénérables de la nature ! »

Le culte de la nature avait été mis à la mode par Rousseau ; on ne s'éprit pas seulement, comme auparavant, de la nature aimable ; on comprit, on admira la nature sublime[1]. Les Anglais avaient découvert et décrit les Alpes ; les Français parcoururent et firent connaître les Pyrénées. Ramond, qui avait traduit et commenté les lettres de Coxe sur les Alpes, visita en 1787 les Pyrénées, monta sur leurs cimes les plus élevées, et décrivit les principaux aspects de cette chaîne de montagnes. Ses explorations et ses ascensions sont racontées avec la précision et l'accent de vérité d'un observateur intelligent et compétent[2]. Picquet[3] et Pa-

---

[1] Plus de soixante relations de voyages en Suisse furent publiés de 1750 à 1795. (Ebel, *Manuel du voyageur en Suisse*, 1810, t. I.)

[2] *Observations faites dans les Pyrénées pour servir de suite à des observations sur les Alpes*, Paris, 1789, in-8°.

[3] *Voyage dans les Pyrénées françaises dirigé principalement vers le Bigorre et les vallées, suivi de quelques vérités nouvelles et importantes sur les eaux de Barèges et de Bagnères*, par (Picquet, Paris), 1789, in-8°, de 327 pages. — Ouvrage attribué sans aucune raison à Mirabeau et ne présentant qu'un médiocre intérêt.

sumot[1] publièrent également leurs remarques sur les Pyrénées. A la même époque, le lettré Dusaulx, enthousiaste de la grande nature, racontait les impressions de son voyage de Barèges[2] dans un style affecté. « J'ai voulu peindre, dit-il dans sa préface, les *sensations* et les *sentiments* que tout homme instruit, sensible et suffisamment organisé, doit éprouver sur des monts de premier ordre. » Ces sensations, nous n'avons pas à nous en occuper. Il n'entre pas dans notre plan de parler des montagnes, et leurs habitants seuls doivent attirer toute notre attention.

Dusaulx est tout disposé à leur trouver des vertus qu'on ne rencontre ni dans les plaines, ni dans les villes[3]. Il est choqué de voir la forteresse de Lourdes, « que le despotisme avait eu l'audace d'élever sur les frontières de la liberté! » Aussi avec quelle satisfaction il décrira les mœurs pastorales et les vertus primitives que la civilisation n'a pas encore tout à fait corrompues. Les montagnards mènent sur certains points une existence patriarcale. Ils sont fiers, généreux, honnêtes et sensibles. Leur hospitalité est franche et cordiale. Ils s'aident les uns les autres. Rien ne distingue les domestiques des enfants de la maison. Les femmes, « aussi pures que les neiges qui les entourent, » travaillent toute l'année; les hommes se reposent l'hiver, mais, contre l'usage ordinaire, ce sont les hommes qui

---

[1] *Voyages physiques dans les Pyrénées*, en 1788 et 1789, par François Pasumot, Paris, 1797, in-8°.

[2] *Voyage à Barèges et dans les Hautes-Pyrénées* en 1788, par Dusaulx, Paris, 1796, 2 vol. in-8°.

[3] Picquet est aussi de cet avis. Il dit dans l'introduction de son *Voyage* qu'il croit « voir le Bigorre du haut de ses montagnes montrant au reste de l'Europe l'étendard de la vertu et l'image du bonheur ».

14

traient les vaches, font le fromage et le beurre. Cependant, depuis quelque temps, le luxe pénètre dans les vallées ; on y amène plus de vin ; la plupart des pâtres portent des chapeaux, et la mousseline et les draps fins dégoûtent des toiles et des étoffes du pays [1].

Dans ses excursions, Dusaulx pénètre dans les maisons de paysans ; à Gèdres, les métairies qu'il visite sont propres et commodes. « Elles offrent tout aux besoins naturels, rien aux passions factices. » Il rencontre fréquemment des vieillards vénérables, des propriétaires hospitaliers et honnêtes. Dans la superbe et fertile vallée de Campan, il signale de nombreux signes de richesse. Un paysan, avec qui il cause, a gagné 40 000 livres, et il n'est pas le seul. Ailleurs, il montre les femmes se rendant à l'église, avec des capulets blancs et de larges manteaux d'étamine brune bordée de noir. Dans l'église, les femmes se placent dans la nef ; les hommes dans une tribune circulaire, qui la domine. Les montagnards sont pieux ; ils affluent au mois d'août à la chapelle de Notre-Dame d'Héas [2]. L'hiver un prêtre vient y dire la messe pour quelques pauvres bergers. Il lui est arrivé plus d'une fois, en se retournant au *Dominus vobiscum*, de ne voir que des ours, des loups et des isards en station à la porte de la chapelle. « Le croiriez-vous ? » dit le narrateur. — Il a raison de douter de la crédulité de ses lecteurs.

Dusaulx décrit d'une manière assez intéressante la

---

[1] Picquet décrit assez bien le costume des Bigarrais : costume à la Henri IV, fraise ou rabat, larges culottes, gilet croisé, habit foncé, manteau de laine, cheveux longs et le berret (p. 38, 39).

[2] La Vierge de Bétharram attire aussi de nombreux fidèles, et les pèlerinages y sont des occasions de fêtes (Picquet, p. 59, 60).

vie qu'on mène aux eaux de Barèges et de Bagnères de Bigorre. Au fond, elle ne diffère guère de celle qu'on y mène de nos jours. A Barèges, les rangs étaient confondus; on y voyait « des prélats sans hauteur, des nobles sans orgueil, des guerriers sans rudesse ». Lorsque l'on fut plus nombreux, des rivalités de toilette, des susceptibilités causées par un bal, divisèrent la société en coteries. L'ennui prévalut, et la plus grande distraction était l'heure de l'arrivée du courrier. A Bagnères, le jeu, le luxe étaient plus grands. On faisait régulièrement de la musique au Vauxhall, et sur le cours, de grands valets de chambre causaient avec de jeunes montagnardes poudrées, frisées et même quelque peu fardées.

XIX

LES VOYAGES AUX EAUX AVANT LA RÉVOLUTION. — LA
SŒUR DE BEAUMARCHAIS (1763). — Mme GAUTHIER
(1785). — Mme DE ROUDON (1789).

A mesure que les moyens de communication deviennent plus faciles, les eaux sont de plus en plus fréquentées. Les bains des Pyrénées n'attirent pas seulement des malades, mais aussi, comme nous l'avons vu, des admirateurs de la nature. On va toujours à Forges, que décrit d'une manière un peu banale Mme du Boccage en 1750 ; Plombières a conservé sa vogue ; Voltaire et Mesdames, filles de Louis XV, viennent y chercher le repos et la santé. Mesdames vont aussi au Mont-Dore. Grands seigneurs et riches étrangers ne sont pas seuls à faire des séjours aux eaux. On y rencontre aussi des petits bourgeois, comme le père de Beaumarchais, l'horloger Caron, qui se rend à Pougues, dont les eaux sont à la mode depuis le règne de Henri III.

I

Le principal intérêt des récits des voyages dont les eaux sont le but, c'est qu'on y parle des villes et des contrées qu'on a traversées. Caron est accompagné de

sa fille cadette, Mlle Tonton, petite bourgeoise pleine
d'esprit, qui éprouve pour la province un vrai dédain
de Parisienne. Il faut voir comme elle parle de Nevers
et de ses habitants : « Bonjour, petite sœur, écrit elle[1],
je suis, ma foi, lasse comme un chien ; nous sommes
restés trois jours à Nevers, et nous arrivons mouillés,
crottés, éreintés, essoufflés que c'est une vraie pitié !...
Encore, si j'avais vu de belles choses ! Mais je n'ai
aperçu, dans l'examen que j'ai fait de Nevers, qu'une
vilaine ville très mal bâtie, indignement pavée, une
mauvaise comédie, et la stupidité personnifiée. Une
bagatelle met en rumeur les habitants. Figurez-vous
que mon petit chapeau a fixé l'attention générale...
J'ai été remarquée et suivie comme une bête rare,
sans pouvoir définir la sensation que j'éprouvais... Au
spectacle, j'ai occupé toute la salle jusqu'au moment
de sortir ; lasse enfin de cela, j'ai tout d'un coup pris
mon parti, et comme cette coiffure me sied bien, j'ai
joui de l'avantage qu'elle me donnait sur madame la
baillive, madame l'élue et autres, qui honoraient de
leur présence le pitoyable spectacle qu'elles sont, par
parenthèse, trop heureuses d'avoir. »

II

Ce n'est pas Mme Gauthier[2] qui dénigrerait ainsi les
spectacles de province. En sa qualité de femme d'un
secrétaire d'intendant, elle les prend au sérieux ; dans

---

[1] L. de Loménie, *Beaumarchais et son temps*, I, 54.

[2] *Lettres de Mme de G*** contenant plusieurs anecdotes de
son voyage aux eaux de Barèges, et quelques particularités
échappées aux autres Voyageurs en France*, à Bruxelles,
1787, publié la même année sous le titre de *Nouveaux
Voyages en plusieurs provinces de France*, Londres et Paris.

un voyage de Châlons-sur-Marne à Barèges, elle ne
manque pas de visiter et de juger les théâtres des
villes qu'elle traverse. A Troyes, la salle de comédie
est belle, mais les abords en sont défectueux; celle
d'Orléans lui paraît « tout simplement horrible »;
celles de Tours et d'Auch sont grandes. Mme Gauthier
n'a que des éloges pour le théâtre de Lyon, et quant à
celui de Bordeaux, elle n'hésite pas à en trouver la
salle trop belle.

L'état des routes l'occupe aussi particulièrement.
Elle en juge quelque peu par les cahots de sa chaise
de poste; elle en fait souvent l'éloge, mais quand elle
en rencontre « d'un dur horrible », comme dans la
généralité de Bordeaux, elle ne peut s'empêcher d'en
gronder l'intendant. « Ah! monsieur l'intendant, dit-
elle, si vous saviez combien il en coûte à de pauvres
voyageurs qui vont à Barèges pour être secoués aussi
impitoyablement, vous leur aplaniriez la route! »

La route est longue, en effet. Vingt jours pour aller
de Champagne aux Pyrénées. On a le temps, dans les
villes où l'on s'arrête, de visiter ses connaissances, de
regarder les monuments, d'aller, comme nous l'avons
vu, au spectacle; on a le temps d'être frappée du ton
de médisance qui règne à Troyes dans la conversation
des hommes; d'assister dans la même ville à la procession de la Fête-Dieu, où un enfant représentant
le petit saint Jean et vêtu d'une peau de mouton est
suivi de quatre autres enfants, frisés et costumés en
abbés. On a le loisir de noter sur son carnet, comme
La Fontaine et Marlin, que les habitants d'Orléans sont
en partie bossus ou boiteux et que les femmes du
peuple pour cette raison portent de grandes capotes
dans toutes les saisons. On peut ailleurs s'occuper des

hôtels des intendants. A Poitiers, cet hôtel est en rapport avec la ville, qui est « horrible », tant les appartements sont noirs, tristes et mal meublés. En revanche, l'intendance de Montpellier est une belle maison.

Mme Gauthier put en dire autant de l'habitation d'un fabricant de damas en façon de Gênes, où la pluie la força de s'abriter à Tours. Un large escalier, de vastes appartements conduisaient à une superbe galerie, où une nombreuse bibliothèque était rangée. Elle communiquait avec une terrasse en pierres de taille, qui aboutissait à un jardin disposé avec tout l'art de l'époque. A l'extrémité d'une allée d'orangers s'élevait une grande salle, décorée avec goût, destinée à faire de la musique ou à jouer la comédie. Des charmilles, des bosquets de roses et de jasmins, une volière augmentaient les attraits de ce jardin dont la propriétaire fit les honneurs avec beaucoup de bonne grâce.

En passant à Châtellerault, Mme Gauthier eut à subir les insistances des traditionnelles marchandes de couteaux. « C'était sur la brune, dit-elle, mes glaces étaient baissées. Ces femmes m'assaillaient à la fois : six de chaque côté montèrent sur les brancards ; autant sur le siège, et le reste sur des chaises, dont elles s'étaient pourvues. Je ne puis vous peindre ma surprise en voyant ces figures dont j'ignorais l'intention ; elle se changea bientôt en éclats de rire, en les entendant parler toutes à la fois, et tenir leurs couteaux et ciseaux braqués sur moi, le temps que les postillons furent à relayer. »

Un autre ancien usage s'était conservé à Poitiers, dans un hôtel tenu par un parent de Mme Deshoulières. Comme au temps de Montaigne, il faisait peindre les armes de toutes les personnes de qualité qui descendaient chez lui, et il en décorait ses chambres.

A Angoulême, toujours pourchassée par la pluie, Mme Gauthier s'abrite sous une des portes de la ville, au milieu de paysannes qui portent des demi-capes, semblables aux pelisses des dames de qualité ; elle cause avec elles, elle s'informe du prix des denrées, et elle en conclut qu'on peut très bien vivre dans cette ville avec une fortune médiocre.

Les quartiers neufs de Bordeaux excitent son admiration. Au bord des quais sont amarrés de jolis brigantins, décorés avec goût, qu'on appelle *maisons navales*, et dont le maire et le gouverneur se servent dans les cérémonies publiques. De Bordeaux à Agen, les villages sont si multipliés, qu'on pourrait se croire toujours dans les faubourgs de la capitale de la Guienne. La campagne est belle et bien cultivée. Agen paraît laid ; Auch n'a rien de remarquable ; mais Tarbes est une ville charmante : au milieu de rues ouvertes et propres, les femmes du peuple circulent avec de grands voiles blancs qui leur couvrent la moitié du corps.

Il y a aussi des costumes dans les Pyrénées, aux environs de Barèges. Les hommes portent des demi-manteaux, garnis d'un capuchon et tissus d'une laine fort serrée ; les femmes se couvrent la tête d'un capulet rouge. Ces montagnards vivent d'un chou, de pain noir et de lait ; ils n'en atteignent pas moins un âge très avancé.

Nous ne reproduirons pas la description que Mme Gauthier fait des eaux de Barèges, qui n'ont jamais été particulièrement attrayantes, ni les détails et les anecdotes qu'elle fournit sur la société qu'on y rencontre. L'intendant, qui avait la haute main sur ces eaux, avait récemment élevé à 12 sous le prix des bains, qui n'était que de 5 sous. Il y eut de nombreuses plaintes la première année ; puis on s'y résigna. « C'est assez le caractère de notre nation, observe à ce sujet Mme Gauthier : crier à tue-tête, avant que la chose se fasse ; s'en taire ou en plaisanter, quand la chose est finie. »

A son retour, elle visita la fameuse vallée de Campan. Elle en fut charmée. « Des coteaux fertiles en blé et en vin, des vergers chargés de fruits, des maisons qui se suivent l'espace de deux lieues, dont l'extérieur annonce la richesse des habitants, des paysans bien vêtus, et en grand nombre, de nombreux troupeaux, bien nourris, un beau sol, un ciel sans nuages[1] : eh bien, quand je vous aurai peint tout cela, vous n'aurez point encore l'ensemble de Campan, et c'est cet ensemble qui m'a charmée. »

Le retour eut lieu par Montpellier, Nîmes, Lyon et Langres. Mme Gauthier admire beaucoup l'hôtel-Dieu de Lyon, et fait l'éloge du nouvel hôpital et des nouvelles prisons de Langres dues à la sollicitude de l'intendant de Champagne. En rentrant dans cette province, au mois d'octobre, elle trouva, le soir, les femmes du village de Thil-le-Châtel occupées à teiller du chanvre en dehors de leurs maisons, aux clartés de grands feux de chènevottes entretenus par de jeunes garçons. L'usage de ces feux, qu'on appelait *founets*,

---

[1] Ce tableau est conforme à celui qu'en trace Ramond, dans ses *Observations faites dans les Pyrénées*, 1789, p. 31, 32.

existait encore naguère dans des localités situées sur les limites de la Bourgogne et de la Champagne.

Le voyage de Mme Gauthier fut désagréablement incidenté par la petite vérole, qui la frappa ainsi que sa fille, tandis qu'elle était dans les Pyrénées. Notre voyageuse se consola des traces que lui laissa la maladie, en rappelant ces vers d'une romance de Jean-Jacques Rousseau :

> Ah ! la beauté n'est qu'une image,
> Le cœur est tout.

Elle sut aussi se distraire, en faisant imprimer ses impressions de voyage, qui ne sont pas toujours sans intérêt, mais qu'elle entremêla de petites nouvelles et d'anecdotes, souvent insignifiantes. Les lettres eurent peut-être quelque succès, car, en 1790, ayant émigré, elle s'avisa de publier à Lausanne de nouvelles impressions personnelles, sous le titre de *Voyage d'une Française en Suisse et en Franche-Comté depuis la Révolution.*

III

Si Mme Gauthier nous dépeint les bains des Pyrénées, Mme de Boudon, Champenoise comme elle, nous décrit les eaux de l'est. Ses lettres[1] ont l'avantage de nous faire connaître une région de la France qui a été rarement traversée par les voyageurs : c'est la contrée qui se trouve entre la route d'Allemagne et celle d'Italie. Mme de Boudon s'y rend par le coche d'eau de Mon-

---

[1] *Lettres d'É...mée Ma...rie Cl...de de Bo...on La...c...be, ou Journal d'un voyage à Paris, en Champagne, en Lorraine, en Alsace et au canton de Basle en Suisse.* A Troyes, 1791, in-8° de 160 pages.

tereau, immense barque couverte d'un pont et contenant une grande pièce à l'extrémité de laquelle on avait ménagé plusieurs cabinets éclairés par des lucarnes. Plus de quatre cents personnes, hommes, femmes, enfants, prêtres, militaires, marchands, nourrices, chiens, oiseaux, y étaient entassés les uns sur les autres, lorsque Mme de Boudon y prit place. Le jour, la vue du paysage fournissait encore, dans cette énorme machine, d'agréables distractions. Mais la nuit !... On partait de Paris à 5 heures du matin ; on arrivait à Montereau à 3 heures après minuit. — Et Montereau est à vingt lieues de Paris !

De Montereau on gagna Sens en carriole ; puis on partit pour Troyes, dont les environs verdoyants, la société agréable sont dépeints sous des couleurs flatteuses. Ensuite, par Chaumont, on arrive à Bourbonne, où les logeurs ne sont pas moins rapaces que les traiteurs. Mme de Boudon se hâte de se diriger vers Bains, où la vie est plus facile. Il y vient chaque année trois cent cinquante étrangers, qui logent dans quinze ou vingt maisons. Alentour sont d'agréables promenades.

« Le premier devoir, en y arrivant, c'est de faire à tous les baigneurs qui sont arrivés avant vous une visite qui vous est promptement rendue. » Mme de Boudon n'y manque pas. Presque tous ces baigneurs, qu'on appelle aussi à cette époque des *baignants*, sont du pays. « Ceux du voisinage même arrivent dans de grandes charrettes à quatre roues, couvertes d'un drap qui forme berceau et sous lequel ils nichent parfois au nombre de dix ou douze, avec de la paille jusqu'au menton. » Le matin, on se baigne dans une piscine, entourée de cuves ; chacun joue son rôle dans les scènes de mœurs que les baigneurs représentent tous les jours les uns pour les autres. Après le dîner, qui a lieu à midi, on se promène dans la plaine ou sur les collines environnantes.

Il y avait plus de distraction à Luxeuil, où séjournaient cent cinquante baignants et où l'on faisait une « chère délicieuse » au *Lion Vert*. Les baignants s'assemblaient chaque jour dans une maison qu'on appelait le « Sallon », où l'on dansait trois fois par semaine. A Plombières, les bains étaient commodes et bien tenus ; la cuisine excellente méritait sa réputation. Les maisons bien meublées, leurs balcons, les arcades, sous lesquelles on vendait des bijoux et des objets d'acier fabriqués, continuaient à rendre plus agréables le séjour et l'aspect de cette station thermale.

Mme de Boudon suspendit son traitement à Bains pour aller visiter l'Alsace et Bâle. Elle traversa la Lorraine. La vallée de Saint-Dié la charma, avec ses nombreux villages, dont les maisons éparses et bien bâties annonçaient l'aisance des habitants. La ville de Saint-Dié, percée de rues régulières et jolies, lui fit le plus grand plaisir, « par sa gentillesse et par l'agrément de sa situation. » Les plaines de l'Alsace la frappèrent par leur richesse et leur fertilité ; des femmes grandes et vigoureuses y travaillaient, abritées sous les larges rebords de leurs chapeaux de paille. Parmi les monuments de Strasbourg, qu'elle décrit avec soin, elle admire la magnificence du palais épiscopal, qui serait digne d'un roi. Les environs de Colmar sont délicieux. On y compte, paraît-il, près de trois mille jardins bien tenus et bien bâtis, « que dans le langage du pays on appelle des gloriettes » et qu'on ne peut

comparer qu'aux « lieux de plaisance » dont les bourgeois de Troyes se sont plu à enrichir les environs de
leur ville. En revenant, elle signale les manufactures
de Thann, de Saint-Amarin et de Wesserling. Celle
de Wesserling, où l'on fabrique des toiles peintes, est
admirablement située ; dans ses bâtiments magnifiquement construits, elle occupe journellement deux mille
ouvriers, sans compter ceux qu'elle emploie à la filature du coton dans les villages des environs. Tout ce
pays était déjà industrieux comme aujourd'hui. Auprès
de Bains se trouvait une fabrique de fer-blanc, où l'on
logeait quatre-vingts ménages d'ouvriers.

La prise de la Bastille venait d'ébranler toute la
France, lorsque Mme de Boudon revint à Bains. Elle
y goûta un repos relatif ; les *baignants* ne furent pas
obligés de s'enfuir, comme à Luxeuil, où les habitants
des villages voisins commirent mille excès. Mais le
retour en Champagne ne s'accomplit pas sans difficultés. L'aspect des villes n'était pas encore modifié.
A Nancy, où tout respirait l'élégance et le goût, un
nombre infini d'équipages et de voitures de remise
circulaient dans les rues ; des femmes, de fort bonne
mine et d'une parure en général très élégante, affluaient
aux promenades et à la place publique. Metz, où l'on
vit bien et à bon marché, est une résidence agréable
et animée. A Verdun, comme on sait, les confitures
abondent, et l'on envoie dans presque tout le royaume
les corbeilles de mariage qu'on y fabrique. Mais, depuis cette ville jusqu'à Troyes, Mme de Boudon et ses
compagnons furent arrêtés à toutes les portes des villes
et dans beaucoup de villages par les habitants armés.
Comme ils n'avaient pas de passeports, ils durent
subir un long interrogatoire et des retards vexatoires.

Mme de Boudon, qui partage quelque peu l'entraîne-
ment général, observe cependant qu'on se faisait une
bien singulière idée de la liberté, « au moment où son
saint nom (c'est elle qui parle) volait de bouche en
bouche, d'un bout du royaume à l'autre. »

XX

UN VOYAGEUR SUISSE DANS LE MIDI DE LA FRANCE.
— GEORGES FISCH (1786-1788).

La Provence et surtout le Languedoc ont été décrits
d'une manière détaillée, à la veille de la Révolution,
par le Suisse Jean-Georges Fisch[1]. Aspirant prédicateur protestant, Fisch apporte en France toutes les
idées préconçues de ses croyances religieuses; citoyen
d'une petite république, il préfère hautement la liberté
suisse au despotisme français; mais tout en se laissant
trop souvent influencer par les préjugés et par l'esprit
de parti, il a le grand mérite de ne pas seulement
décrire les monuments des villes, il parle des universités, des processions, des confréries; il visite les quartiers pauvres comme les quartiers riches des villes;
il s'attache à dépeindre l'aspect des villages et des
campagnes. Les usages et la manière de vivre des habitants ont pour lui un intérêt particulier; les dernières
classes du peuple ne l'occupent pas moins que les
classes supérieures; il s'étendra sur leur travail, comme
sur leurs jeux et leurs fêtes; il ira jusqu'à faire con-

[1] *Briefe über die südlichen Provinzien von Frankreich...*
von Joh. Georg. Fisch, candidat des Predigkamts, Zurich,
1790, in-8º.

naître la nature de leurs contes de fées. Dans un séjour de plus de dix-huit mois dans le midi de la France, Fisch a pu observer et recueillir bien des traits de mœurs et de caractère qui échappent au touriste ou au voyageur pressé.

Non seulement il a pénétré dans des régions peu explorées par les étrangers, comme les montagnes des Cévennes, dont les aspects les plus sauvages surpassent à son avis quelques-uns de ceux qu'on remarque dans les vallées du Jura suisse; il est monté sur le mont de Lespéron, dont il décrit le superbe panorama; mais il s'occupe aussi particulièrement de l'industrie et des classes ouvrières; il décrit la condition des ouvriers des manufactures de Nîmes et des fabriques de soie des environs de Ganges et du Vigan. Ces détails sont d'autant plus précieux que rien n'est moins connu que la vie des ouvriers avant la Révolution.

Georges Fisch nous dépeint sous de tristes couleurs celle des ouvriers des manufactures de Nîmes. Leur aisance, leurs plaisirs, leur existence même dépendent des choses les plus variables, du flux et du reflux du commerce, des caprices de la mode... Tantôt dans la prospérité, tantôt dans la misère, on les voit un jour très bien mis, insolents, fanfarons; le lendemain couverts de haillons et mendiant aux portes. Leur caractère moral s'en ressent. Les femmes sont mauvaises ménagères... les maris se livrent au jeu, à la boisson, aux querelles. Quand la misère les atteint, ils se font soldats ou larrons. Les plus âgés mendient.

Leurs salaires sont pourtant suffisants. A quinze ans, le fils gagne autant que le père; à treize ans, la fille que la mère. Irrespectueux envers leurs parents, ils les abandonnent et contractent des mariages précoces, que la police favorise. Leur constitution laisse à désirer; leur éducation, leur manière de vivre, leur intempérance, leur travail même exercent une fâcheuse influence sur elle. Il est rare de rencontrer de beaux types parmi les femmes; les hommes sont beaucoup mieux. L'aspirant prédicateur se hâte d'ajouter que les ouvriers protestants sont plus travailleurs, plus sobres et partant moins exposés à la misère que les ouvriers catholiques.

Il faut se rappeler que c'est surtout le peuple du midi de la France que dépeint Georges Fisch et que le portrait sombre qu'il en trace ne conviendrait pas aux classes inférieures du nord et du centre. Cette observation doit s'appliquer particulièrement aux petits artisans, aux journaliers, aux portefaix, aux ouvriers de fabrique qui composent la populace de Montpellier. La violence, l'intempérance, l'esprit vindicatif en sont les traits caractéristiques. On ne parle que de leurs rixes, de leurs vols, de leurs querelles nocturnes. A la moindre provocation, ils recourent au couteau; une fois le sang versé leur fureur n'a plus de bornes. Les ouvriers se soutiennent tous entre eux. Des soldats du régiment de Vermandois, en garnison dans la ville, avaient maltraité un tisserand; les jours suivants, seize grenadiers disparurent, et l'on ne retrouva que leurs cadavres.

Ce caractère violent et vindicatif serait, selon Fisch, plus accentué encore chez les Provençaux. Il n'est pas de ville en France, à l'exception de Paris, où il y ait autant de meurtres qu'à Marseille; pas de contrées où les routes soient aussi peu sûres qu'en Provence. Au pied des Cévennes, l'ouvrier des manufactures de soie est aussi présenté sous un aspect défavorable; enclin

15

au vol, à la convoitise, à l'intempérance, à la débauche, il forme un contraste complet avec le paysan des montagnes, qui est loyal, honnête, sobre, travailleur et content de son sort.

L'aspect des villages du Languedoc a particulièrement frappé notre voyageur suisse, avec leurs maisons de pierre à un étage, serrées les unes contre les autres, leurs églises petites et délabrées comme leurs maisons, leurs tours peu élevées, sans toits, leurs cloches en plein air, leurs enceintes de murailles, souvenirs des guerres civiles et religieuses. Point d'arbres dans le village, ni à l'entour. Comme toutes les maisons sont en pierres et que les chambres sont carrelées de briques, le feu n'y prend presque jamais. Dans ces villages, si différents de ceux de la Suisse, vivent des paysans auxquels on ne peut refuser de sérieuses qualités : la bonté, l'obligeance, la sobriété, un amour suffisant du travail ; mais leur éducation est mauvaise et absurde, parce qu'on leur enseignerait un catéchisme, que l'aspirant prédicateur protestant considère comme pernicieux.

Comme ailleurs, le paysan languedocien serait pauvre ; le fisc lui prendrait le tiers de son revenu. Cependant il est plein de vanité. Les journaliers se traitent entre eux de *Monsieur*. Quand un cultivateur a gagné quelque argent, il veut faire de son fils aîné un procureur, du cadet un abbé. La plupart des curés de campagne et des moines sont des fils de paysans. Ceux-ci cherchent autant que possible à placer leur fils et à marier leur fille à la ville.

Le blanc est la couleur ordinaire de leurs vêtements, qu'ils achètent dans les villes voisines. Ils portent des vestes, des gilets et des culottes de toile blanche, avec des bas noirs, ce qui produit un effet singulier. La coquetterie, la vanité les portent souvent, surtout les jeunes gens, à se vêtir tout en soie, les dimanches et fêtes. Le costume des femmes est assez laid et sied mal à leur teint noir et à leurs traits grossiers.

Georges Fisch donne même des détails sur l'alimentation des paysans : pain très noir, soupe au pain, racines assaisonnées à l'huile ; peu d'autres légumes, peu de viande, qui est assez chère ; pour vin, de la piquette ; le bon vin est par eux converti en eau-de-vie, et presque chaque maison rurale a son appareil à distiller. Le blé est moulu dans des moulins à vent, et le pain cuit dans des fours publics dont chaque village est pourvu.

Toute cette population se passionne pour la religion comme pour le plaisir. Dans les villes, elle se complaît à des processions de pénitents, à des cérémonies extérieures du culte que le candidat prédicateur traite volontiers de grossière superstition. L'exubérance du caractère méridional se manifeste surtout dans le jeu et la danse. Les Français du Midi, selon Fisch, ne seraient pas aussi gais que ceux du nord ; mais ils sont bien plus vifs que les Allemands et les Suisses. Les samedis soir, les dimanches et les jours de fêtes, des multitudes de journaliers, ouvriers de fabriques et jardiniers, se livrent à la danse sur les places publiques de Montpellier, avec les jeunes filles du peuple. On commence par un menuet, au son d'un tambourin, d'une musette, quelquefois d'un tambour de basque et d'un flageolet ; puis la musique s'accélère ; son rythme saisit les auditeurs, qui de toutes parts viennent se joindre aux danseurs. Ceux-ci, au bout de deux heures d'exercice, s'arrêtent devant un cabaret. La musique se tait ; les hommes entrent au cabaret, tandis que les filles reviennent lentement chez elles.

Fisch a souvent assisté à ces danses ; il a été témoin aussi des nombreuses fêtes d'artisans, qui chaque année donnent lieu à des réjouissances de tous genres et à des cortèges où la vanité des artisans se plaît à exhiber des costumes éclatants, ornés de plumes de toutes couleurs, d'épaulettes et d'autres insignes militaires. Des parents vont jusqu'à engager leurs lits pour mettre à même leurs fils de briller dans ces fêtes. Dans les petites villes, il y a des fêtes spéciales et renommées, des courses de chevaux, des courses à la bague ; à Gignac, des combats entre jeunes gens, qui frappent à grands coups de bâton sur les casques de bois dont ils sont coiffés, jusqu'à ce qu'un des partis s'avoue vaincu ; à Marsillargues, ce sont des combats de taureaux, où l'assaillant menacé peut sauter au besoin dans un tonneau défoncé ; à Cette, des joutes sur l'eau dans le port. Chaque localité a ses réjouissances traditionnelles. En outre, toute l'année, on joue au mail, surtout aux abords de Montpellier. On y joue aussi dans des villages, ainsi qu'à la crosse, qui tend à remplacer le ballon, jadis très en vogue.

La noblesse et la haute bourgeoisie avaient d'autres plaisirs. Georges Fisch ne partage point l'opinion de ceux qui accusaient les habitants de Montpellier d'être fiers et peu polis. Il loue au contraire l'urbanité des classes supérieures. L'homme de qualité et l'homme riche, remarque-t-il avec justesse, sont semblables dans tout le royaume ; ils se modèlent tous sur Paris. Cependant l'aspirant prédicateur se plaint de ce qu'on néglige l'éducation des enfants, en la confiant à des abbés ou à des séminaristes peu instruits. Il en résul-

terait qu'il n'y a guère dans la société que des conver-
sations fùtiles. Quand le chapitre du spectacle de la
veille est épuisé, quand les cancans de la ville ne présentent plus d'intérêt, alors on s'assied à une table
de jeu. Le jeu est le centre où les désirs et l'activité de
la société viennent aboutir ; on visite ses parents et ses
amis pour jouer, on voyage pour aller jouer...

La noblesse résidait au moins une partie de l'année
dans certaines petites villes du Midi ; au Vigan, elle se
distinguait par sa morgue et son esprit exclusif. C'était
une exception en France. La conduite de la société du
Vigan se rapprochait, selon Fisch, de l'orgueil nobi-
liaire inflexible et stupide qu'on remarquait dans
quelques villes d'Allemagne. Quel contraste avec la
société de Milhau, où ne régnait pas un si bon ton,
mais un ton plus aimable, plus séduisant, plus naturel !
Le luxe et l'immoralité y étaient inconnus. — Je n'ai
pas trouvé en France, dit Fisch, des manières aussi
ouvertes et aussi cordiales qu'ici. L'urbanité y existe
sans étude ; elle découle de tous les cœurs. La ville
contient beaucoup de familles nobles, mais aucune
n'est très riche ; tous vivent du revenu de leurs terres
situées aux environs de la ville. — Les bourgeois, qui
sont laborieux, sont aussi dans l'aisance. Malheureusement on craignait que les relations plus fréquentes
avec Toulouse et Montpellier ne vinssent à modifier le
caractère des habitants et à introduire parmi eux des
habitudes de dissipation et de luxe inconnues jusqu'alors.

Les mœurs anciennes s'étaient surtout conservées
dans les classes moyennes. Le voyageur suisse n'a que
des éloges pour le caractère des marchands et des
maîtres-artisans de Montpellier. Travailleurs et sobres,

ils ont, dans cette ville comme ailleurs, des mœurs intègres; ils sont polis, honnêtes, doux, obligeants; ils ont même, lorsqu'ils se sont enrichis, un attachement pour les modes anciennes et simples qu'on aurait peine à rencontrer ailleurs dans d'aussi grandes villes.

Le témoignage favorable que porte Georges Fisch sur les classes moyennes explique à certains égards l'ascendant qu'elles prirent au moment de la révolution et qu'elles devaient à de longs siècles de travail, d'économie et de sagesse.

XXI

LES ANGLAIS EN FRANCE A LA VEILLE DE LA RÉVOLU-
TION. — HENRY SWINBURNE (1771-1791). — ARTHUR
YOUNG (1787-1789).

I

Si l'on veut se faire une idée assez complète de l'état
de la France au moment où la Révolution éclata, il faut
lire Swinburne et Arthur Young. Swinburne visite et
décrit la cour et les salons ; Young parcourt et dépeint
les villes et les campagnes. Le premier est un homme
du monde, quelque peu superficiel, sans grande portée, mais qui a beaucoup vu, et par conséquent a beaucoup à raconter. Ses lettres[1], dénuées malheureusement de verve, sont curieuses par la variété des informations et le nombre des anecdotes. Il relève volontiers
les traits d'esprit d'autrui, mais il est incapable d'en
lancer lui-même.

Henry Swinburne est venu plusieurs fois en France
de 1771 à 1791. Il aime à varier ses itinéraires, en se
rendant de Calais à Paris. C'est un voyageur calme et

---

[1] *The courts of Europe at the close of the last century*, in
two volumes, London, 1841. — Philarète Chasles a parlé de
cet ouvrage dans ses *Études sur la littérature et les mœurs
en Angleterre au XVIIIe siècle*. Nous croyons qu'il n'a pas
été traduit en français.

de bon ton. Il raconte avec tranquilité, ses ennuis comme ses plaisirs de voyage. En Normandie, son carrosse verse dans des fondrières ; il gravit avec peine des collines escarpées, où toute trace de route disparaît. Le lendemain, il constatera dans le même style la richesse du pays, l'étroitesse et l'obscurité des rues de Rouen. Il n'a point d'enthousiasme, pas d'aigreur, pas de parti pris. S'il déclare que certaines routes de la Flandre et de la Picardie sont impraticables et abominables, il dira que celles de la Touraine et de la Guienne sont les plus belles possibles, et que celles du Dauphiné, plantées de noyers et de châtaigniers, sont garnies de bornes toutes les demi-lieues.

En général, il trouve les campagnes agréables à voir. Les bords de la Seine, de la Loire et du Loiret le charment, comme tous ses contemporains. Les environs de Tours offrent les plus beaux paysages du monde. La vallée de la Vienne est fertile et bien cultivée, et les plateaux qui la dominent sont couverts d'arbres fruitiers. De Tarbes à Bagnères, des villages et des chaumières sans nombre apparaissent au milieu de bosquets de chênes, de châtaigniers, de vergers, de prés, de champs, qu'arrosent de clairs ruisseaux dans tous les sens. Aux environs de Bagnères, il rencontre des paysans mieux mis qu'ailleurs et presque tous propriétaires. Ils sont honnêtes et industrieux ; mais tous marchent nu-pieds, ce qui ne les empêche pas de danser à merveille.

Notre voyageur s'occupe peu des paysans. Il signale cependant dans un village du Vallois une fondation qui prouverait peu en faveur des mœurs de ses habitants. Une rente de 18 livres était attribuée aux femmes dont la conduite était irréprochable avant leur mariage ; en vingt et un ans, six seulement auraient eu droit à cette rente.

Swinburne était peut-être plus compétent pour juger les villes que les campagnes. Dans la plupart des grandes villes, il signalera de vieilles rues étroites, tristes, noires et parfois sales. Châtellerault, dont l'aspect extérieur est plaisant, est à l'intérieur la cité la plus sale, la plus mal bâtie et la plus mal pavée de France. Poitiers est pauvre et dépeuplé. En revanche, Lyon a de nobles quais, et Bordeaux des beautés que peu de villes peuvent montrer. « Il n'y a nulle part une aussi grande abondance de provisions et de *délicatesses*. » Mais les habitants lui déplaisent. Il a eu à s'en plaindre, car il en parle comme de « coquins sales et voleurs ».

L'élégant Anglais nous donne des détails plus favorables sur les sociétés provinciales qu'il a fréquentées. A Orléans, les habitants sont riches, mais malheureusement divisés en coteries nombreuses ; nobles, financiers, marchands, jansénistes et molinistes y sont en lutte. Leur ton est commun, mais leurs tables sont excellentes, et leur politesse pour les étrangers est extrême. Il y a beaucoup de dévotion parmi eux. A Blois, la société est sur un meilleur pied ; tous les rangs y sont mêlés ; point d'apparence de partis et de querelles. Les principaux plaisirs consistent dans les promenades du soir et les cartes. Certainement, comme l'a dit un voyageur superficiel, toutes les femmes n'y sont pas rousses et acariâtres ; Swinburne en a vu de très aimables, avec des yeux et des cheveux noirs. A Bagnères, les réunions sont ennuyeuses et exclusives. La maison la plus agréable est celle de l'évêque de Tarbes, qui reçoit tout le monde avec une affabilité et une urbanité extrêmes. A l'autre bout du royaume, à Reims, les gens qu'on rencontre dans les soirées sont d'une apparence étrange, mais on y sert d'excellent champagne. Notre Anglais paraît apprécier surtout en province la manière dont on y mange et dont on y boit.

Ce qu'il préfère, ce sont à coup sûr les plaisirs de la cour et de Paris ; il y vint à diverses reprises et notamment à la veille de la Révolution, où le luxe était plus extrême que jamais. « Les améliorations accomplies et en train de s'accomplir, dans les constructions, écrivait-il, sont étonnantes, quoique pas toujours dans le goût le plus pur... L'extravagance des Français, disait-il aussi, est à peine croyable, et je n'ai jamais entendu parler de rien de pareil en Angleterre. Le trousseau de Mlle de Matignon, qui est sur le point d'épouser le baron de Montmorency, doit coûter environ 625000 livres. Il doit y avoir cent douzaines de chemises et le reste en proportion... Des trousseaux de 125000 livres ne sont pas rares. » Swinburne a noté sur le monde parisien à la veille de la Révolution un certain nombre de traits curieux qui ne sont pas tous inédits, et qui d'ailleurs ne rentrent pas dans notre cadre.

Swinburne était catholique ; comme tel, il avait été élevé en France. La page qu'il consacre à une excursion qu'il fit auprès de Crécy, à l'abbaye de la Celle, où il avait été en pension, est peut-être le passage le plus ému de son livre : « Je me promenai, dit-il, dans la campagne pour revoir les lieux où j'avais passé les jours insouciants de mon enfance, et je les revis avec le plus vif plaisir. Quelques-uns des vieux laboureurs me reconnurent. La situation est admirablement champêtre. L'église n'a jamais été terminée ; le chœur seul est achevé. Il est de grande dimension, avec un clocher élevé. La maison consiste en un vaste cloître, avec des cours et des jardins clos de murs et bordés par la rivière, sur laquelle passe un pont de deux arches. Le village est épars à ses pieds, et sur le versant d'une belle et rapide colline, qui domine la rivière et l'abbaye vers le sud. Comme les maisons apparaissent seulement, çà et là, au milieu de la verdure et que le sommet des arbres en couronne les toitures, rien ne peut être plus pittoresque que l'ensemble de ce tableau. Un moulin dans le val, avec des eaux abondantes, et la diversité des bois qui revêtent la colline et la vallée, ajoutent à la beauté du paysage. Le pays me parut très amélioré. »

La Celle avait alors cessé de recevoir des élèves, il n'en était pas de même du collège des bénédictins de Pontlevoy, sur lequel Swinburne donne des détails à son frère, qui voulait faire élever ses fils en France. « Le collège de Pontlevoy, dit-il, semble dirigé d'une manière libérale et intelligente. On y enseigne toutes sortes d'exercices et de sciences, et les langues modernes aussi bien que les anciennes. Le prix annuel est de six cents livres, tout compris. Les jeunes gens couchent tous dans des lits séparés. Il y a un domestique dans chaque dortoir; et trois soldats invalides veillent toute la nuit aux risques d'incendie, pour donner l'alarme en cas d'accident. Les moines ont de vastes domaines, et, les jours de fêtes, les élèves vont se promener et se rafraîchir dans différentes fermes. »

Au fond, malgré son éducation, malgré ses succès à la cour, malgré son dévouement respectueux et passionné pour la reine Marie-Antoinette, Henry Swinburne témoigne peu de sympathies pour notre pays et reste Anglais quand même. En revenant en Angleterre en **1788**, il sera ravi de la limpidité des rivières, de la propreté des jardins, de la beauté des femmes et de l'élégance des voitures. L'esprit mondain du voyageur se révèle ici dans la nature et la variété des objets, pour lesquels il manifeste ses préférences.

II

Arthur Young est un tout autre voyageur[1]. C'est le plus célère de tous les étrangers qui ont décrit la France au siècle dernier. Sa réputation est méritée; il a parcouru notre pays à diverses reprises, en différents sens, à cheval presque toujours, descendant dans les auberges, admis dans les châteaux, interrogeant les nobles, les bourgeois comme les paysans. A lui seul, il a fait une enquête sur l'état de l'agriculture, il a voulu connaître les mœurs et la richesse des habitants; il a consigné, sur son carnet, le prix des vivres et des fourrages. Il est impossible de reproduire les détails de son journal, pleins de faits et de renseignements; nous essaierons seulement d'indiquer rapidement les principaux traits que relève cet observateur net, ouvert, clairvoyant, à qui l'on peut reprocher seulement quel-

---

[1] *Voyages en France pendant les années* 1787, 1788, 1789, tr. par M. Lesage, 2 vol. in-12. — On peut citer aussi à cette époque : Nugent's *Grand Tour or a Journey through the Netherlands, Germany, Italy and France*, 4 vol., 1778; — *Descriptive Journal through the interior parts of Germany and France*, by a young english peer of the highest rank (duke of Bedford), in-12, 1786; — *The gentheman's guide in his tour through France*, 1787, in-12; — Walker, *Ideas suggested on the spot in a late excursion through Flanders, Germany, France and Italy*, 1790, in-8°.

ques idées préconçues et la tendance à être systématique. Il est Anglais, on s'en aperçoit quand il juge les nations étrangères ; il est économiste ; il a écrit un volumineux ouvrage sur l'état de l'agriculture en Angleterre, et il en a déduit des théories dont il ne se départira pas en visitant la France.

Il la décrira cependant en détails, avec cet accent de vérité qui ressort de notes prises sur le moment même. Il en résulte que si notre pays est loin de présenter l'aspect de richesse agricole qui distingue l'Angleterre, il n'est pas toujours arriéré, il n'est pas toujours mal cultivé. Aux environs de Boulogne, l'agriculture est misérable ; en Sologne, en Berry, elle est pitoyable ; le Poitou et la Champagne sont pauvres. La basse Bretagne est inculte. Des landes ! des landes ! des landes, partout. De la Flèche au Mans, des bruyères. Dans des contrées où le sol est excellent, comme la Beauce, on remarque partout des jachères. Les pays vignobles sont les plus pauvres de tous. Mais à côté de ces pays déshérités ou mal exploités, que de régions florissantes ou séduisantes ! Le Limousin est le plus beau pays de France ; la plaine de Montauban est une des plus riches de l'Europe. Dans la région des Pyrénées, la culture atteint une grande perfection ; le système des irrigations est sur certains points très avancé. En Guienne, le pays est peuplé et couvert de fermes propres. Les environs d'Hyères sont magnifiquement cultivés. Dans le Dauphiné, près de La Tour-du-Pin, le pays est magnifique, bien planté, bien enclos. Si nous remontons vers la Normandie, nous trouvons entre le Mans et Alençon de bonnes terres, passablement cultivées et marnées. Les environs de Lisieux et d'Elbeuf sont une des plus riches contrées de la France. Quant à l'Alsace, la fertilité et la bonne culture du sol ne peuvent être comparées qu'à celles de la Flandre.

Les habitations des villages ou celles qui sont éparses dans les campagnes diffèrent aussi selon les régions ; elles témoignent par leur construction et leur entretien de l'industrie, de la misère ou de l'aisance de leurs habitants. Les huttes de boue, sans vitres, souvent sans cheminée, que l'on remarque en Bretagne et en Dauphiné, les misérables chaumières de la Sologne et des Alpes contrastent avec les maisons bien bâties couvertes de tuiles et d'ardoises de la Guienne, du Béarn et du Quercy. Les environs de Rouen sont couverts de maisons de campagne, de fermes et de chaumières où l'on file le coton.

Dans certaines contrées, comme la Touraine, les châteaux sont nombreux ; dans l'Armagnac, il en est peu de modernes. Arthur Young est reçu dans le superbe château du duc d'Aiguillon, qui entretient un orchestre de vingt-cinq musiciens ; dans le château des Ormes, aux d'Argenson ; à La Roche-Guyon, chez le duc de la Rochefoucauld ; à Nangis, chez le marquis de Guerchy, et dans d'autres résidences seigneuriales moins connues. Il déplore cependant la conduite des grands seigneurs, qui laissent en friche leurs immenses domaines, pour ne s'occuper que de leur gibier ; il s'exprime à leur égard avec une vivacité qu'il regrettera plus tard. Quelques-uns font exception, comme le duc de Liancourt, comme sa belle-sœur, Mme du Pont, dont les belles exploitations agricoles ne laissent rien à désirer. Young visite avec un intérêt particulier les exploitations rurales. Il en cite un certain nombre, qui font honneur à l'intelligence, au soin, à l'industrie de leurs possesseurs.

Les classes agricoles d'ordinaire présentaient une triste apparence. Leur costume se ressentait de leur pauvreté ou du climat. Les femmes de Guienne et de Languedoc travaillaient souvent sans bas, ni souliers ; la douceur de la température leur en faisait moins sentir la privation qu'aux Bretonnes. C'était une exception que de rencontrer des paysannes jolies et bien mises, comme celle qu'Arthur Young vit de Bayonne à Pau ; dans la plupart des provinces, un travail dur leur gâtait la taille et le teint. En Bretagne, on voyait souvent des gens déguenillés et pauvres, mais ne mendiant pas. Les habitants du Berry avaient l'air misérable ; cependant ils paraissaient honnêtes, industrieux et propres ; ils étaient polis et avaient bonne façon.

Ce qui contrastait avec l'aspect trop souvent misérable des paysans, c'était l'état des routes sur lesquelles ils marchaient parfois nu-pieds. Young n'a pas assez d'épithètes élogieuses pour exprimer l'admiration qu'elles lui inspirent. Ici, elles sont merveilleuses, là excellentes, ailleurs superbes, magnifiques, les plus belles du monde, splendides, admirablement construites, sablées, unies, admirables ! C'est tout à fait par exception qu'il signale des chemins affreux et exécrables près d'Autun et en basse Normandie. Mais sur les routes superbes du Languedoc, il est frappé du peu de circulation qu'on y remarque, et il trouve les approches de Paris bien déserts en les comparant à ceux de Londres.

Les villes lui paraissent en général plus peuplées que les campagnes ; les rues de Clermont lui font l'effet de tranchées dans un tas de fumier, pour la couleur, la saleté et la mauvaise odeur ; s'il trouve les rues de Brives mal bâties, tortueuses, sales et puantes, il admi-

rera les grandes villes avec leurs quartiers neufs et leur
promenade, Bayonne, « la plus jolie ville de France, »
Bordeaux, riche et prospère, Montpellier, Tours, Cou-
tances, Nantes, Reims. Il déclarera, à Reims, que « par
leurs décorations publiques, leurs promenades, les
villes de France sont bien supérieures à celles d'Angleterre. » Et il ajoutera ailleurs : « Quel miracle que
toute cette splendeur et cette richesse des villes de France
n'aient aucun rapport avec l'état de la campagne! »

Dans la plupart de ces villes, la vie est agréable; au
fond des provinces reculées, elle est facile et peu coû-
teuse. Des familles nobles du Rouergue peuvent vivre
avec des revenus de cinquante et même de vingt-cinq
louis. Si les vivres sont à très bon compte à Lunéville,
à Montauban, et ailleurs, en revanche, à Bordeaux, tout
a augmenté d'un tiers en dix ans. « Il n'y a pas de
preuve plus frappante, remarque Young, de progrès
en prospérité. » Le luxe est grand du reste dans cette
ville. Les négociants y mènent une existence somptueuse. Leurs maisons, leurs magasins sont sur un
grand pied. On y joue gros jeu; leur table est servie
en vaisselle plate.

On était servi de même à l'hôtel où il descendit dans
cette ville. Arthur Young a fait une étude spéciale des
auberges de France, et sauf dans les grandes villes, ses
appréciations ne leur sont pas favorables. S'il exalte
à Nantes l'hôtel de Henri IV, « le plus beau de l'Europe, » à Reims, l'hôtel du Moulinet, à Nîmes, l'hôtel
du Louvre, qu'il qualifie d'excellente maison, combien
de fois il pestera contre les hôtelleries où il est forcé de
s'arrêter. A Moulins, les chambre sont des murs de boue
tendus de toiles d'araignées; à Saint-Girons, c'est « le
plus exécrable réceptable de saleté, de vermine, d'impu-

dence, de vol... c'est un cloaque dont un porc anglais ne voudrait pas ». Ailleurs, les punaises fourmillent ; ce n'est qu'étroitesse, misère, saleté et ténèbres ! Ailleurs, l'hôte, en le réveillant, fait tomber sur son lit une pluie d'araignées ! Partout, les servantes sont « des tas de fumiers ambulants ». Il faut faire remarquer que Young, dans ses pérégrinations en dehors des grands chemins, a dû coucher dans des bourgs ou des villages, où il ne pouvait espérer trouver aucun confortable. Il reconnaît cependant qu'en général les auberges de France sont supérieures à celles d'Angleterre pour la nourriture, la boisson et les lits ; mais que les chambres, qui contiennent de deux à quatre lits, sont mal meublées, entourées de murs blanchis à la chaux et revêtus de tapisseries si vieilles que ce sont des nids de papillons et d'araignées. Les fenêtres, mal jointes, s'ouvrent et se ferment mal. Pas de sonnettes ; il faut « brailler après la fille ». Dans la cuisine enfumée, où brille une nombreuse batterie, le maître d'hôtel, rarement poli et prévenant, surveille ses fourneaux.

Arthur Young, tout en faisant un grand éloge de la cuisine française, se plaint aussi de ce qu'on ne trouve pas dans les hôtels de salles à manger particulières. Il dîne à table d'hôte, pour trente-six ou quarante sous. Ce qui le frappe, le croirait-on, c'est la taciturnité des convives ! Et il est dans le Midi ! Il a pour commensaux quinze personnes à Montpellier, et il se croirait plutôt dans une assemblée de muets que dans une réunion de gens appartenant à un peuple fameux pour sa loquacité ; il en est réduit à causer avec un Espagnol. Dans les diligences, que par parenthèse il trouve détestables, il voyage avec des gens qui lui rabattent les oreilles de leurs chansons, mais ne savent pas causer.

« Il croyait, dit-il ailleurs, les Français plus causeurs, plus capricieux, plus polis ; ils sont moins causeurs, selon lui, que les Anglais, ont moins d'entrain, et ne sont pas plus polis ; mais leur caractère est meilleur. » Il a cependant été touché, à Amiens, de la politesse d'officiers qui l'on fait entrer à la cathédrale, où l'on célébrait un service funèbre, uniquement parce qu'ils avaient reconnu en lui un étranger.

Il n'est point défavorable aux Français. A Bagnères, il loue la société libre et polie qu'il y rencontre, où prévaut une condescendance invariable, une douceur de caractère qu'il appellerait en anglais *good temper;* il apprécie l'hospitalité aisée des gentilshommes campagnards, qui savent offrir un dîner médiocre avec cordialité et entrain. Il voit des traces du bon naturel de la nation dans la tolérance où l'on est de laisser errer dans le palais de Versailles, jusque dans la chambre du roi, des vauriens et des gens en haillons. Il comprend les sentiments de famille. Un jour, il rencontre de nombreux marchands revenant de la foire de Nîmes, et portant tous un tambour d'enfant attaché à leur portemanteau. Cette affection pour les enfants le touche ; mais il se demande si le tambour n'est pas un jouet bien belliqueux pour un peuple où l'esprit militaire n'a pourtant pas besoin d'être développé. Il citera ailleurs l'habitude des familles de vivre ensemble ; le fils aîné marié s'installe chez son père... « Trait caractéristique, dira-t-il, qui à défaut des autres m'aurait fait aimer la nation ; » et il dira : « Nous nous laissons trop entraîner à nos penchants haineux contre les Français... pour moi, je vois bien des raisons pour les estimer. »

Il est vrai qu'il attribuera une partie de leurs défauts à leur gouvernement. C'est un système chez lui, qui étonnera quelque peu chez un Anglais, de tout rapporter au gouvernement. Sans doute, le gouvernement avait sa part de responsabilité dans les misères, dans les abus, dont souffrait alors la France, comme il avait sa part d'influence dans sa prospérité, dans ses travaux publics, dans sa richesse. Young a raison de lui attribuer l'arbitraire des lettres de cachet, tout en ajoutant : « et ce gouvernement est encore, après le nôtre, le plus doux de ceux d'Europe ; il a peut-être raison de dire que le Roussillon lui doit une prospérité et une industrie que ne connaît pas l'Espagne. Mais, s'il rencontre un marchand d'une ignorance crasse en géographie, est-ce bien la faute du gouvernement ? Si les femmes sont accablées par le travail et moins attrayantes qu'en Angleterre, où je ferais observer que le soleil ne risque guère d'abîmer leur teint, faut-il l'attribuer comme lui au gouvernement? S'il n'y a pas de lait et de beurre en Provence, s'il y a plus de bon sens en une demi-heure en Angleterre qu'en six mois en France, est-il bien fondé à dire : « Le gouvernement! Toujours en tout le gouvernement! » Cette manie n'enlève rien au mérite et à l'intérêt de l'ouvrage de Young, qui a parcouru la France au moment même où ce gouvernement allait s'abîmer dans une révolution qu'il ne sut ni prévoir, ni conjurer. Young a assisté, en témoin désintéressé, à l'explosion de cette crise mémorable, et il a pu en observer le contre-coup dans les provinces avec la sagacité d'un témoin attentif et à certains égards sympathique.

XXII

UN ANGLAIS DE BONNE HUMEUR. — LE DOCTEUR RIGBY (1789).

Le docteur Rigby est moins connu qu'Arthur Young; mais il mérite de l'être plus qu'il ne l'est. Il peut être opposé au docteur Smollett, comme le docteur tant mieux au docteur tant pis. C'est un optimiste, mais en même temps un témoin intelligent et sincère, dont les appréciations sont à plus d'un titre précieuses.

Ce fut le 2 juillet 1789 que le docteur Édouard Rigby débarqua à Calais. Il arrivait des environs de Norwich, où il avait laissé sa femme et ses filles. Savant médecin, physiologiste distingué, à la fois naturaliste, économiste et agronome, il avait su joindre la pratique à la théorie : il avait fondé une société médicale de bienfaisance à Norwich, et publié un essai sur la production de la chaleur animale; non content d'exploiter les 300 acres de terres dont se composait sa propriété de Framingham, il avait rédigé quelques études sur l'agriculture et les mœurs rurales; il avait traduit du français un livre sur l'agriculture en Italie; il s'était occupé des théories de Malthus sur la population et du droit de propriété. Magistrat local, il avait cherché à réformer quelques abus; il avait écrit sur les *work-houses*. Agé de quarante-deux ans, il réunissait donc toutes les conditions possibles pour voyager avec fruit ; il était admirablement préparé pour décrire avec compétence ce qu'il devait observer. En partant, il avait promis à sa femme et à ses filles de leur écrire le plus souvent possible ses impressions de voyage ; il tint parole, et ses lettres intimes, qui viennent d'être publiées[1], forment un des témoignages les plus curieux de l'état de la France et de Paris au moment même où la révolution de 1789 éclata.

Il se trouva, en effet, que ce médecin-agriculteur était un observateur sans prétention, se souciant peu des livres qui avaient décrit les villes et les pays qu'il visitait, racontant simplement, un peu naïvement même, ce qu'il voyait, s'occupant plus des personnes que des choses, des choses que des monuments, et ne dédaignant pas les détails. Il n'avait jamais quitté l'Angleterre, et, de prime abord, tout l'étonna quelque peu ; tout lui parut digne d'être noté. Le paquebot sur lequel il traversa le détroit fut arrêté par le calme à quatre milles du port de Calais ; un bateau pilote vint à son aide. Rigby remarque qu'il était conduit par quatre Français, gais et actifs, dont l'un portait des boucles d'oreilles, et l'autre une bague au doigt. A peine débarqué, il est entouré par des garçons d'hôtel. Tandis qu'on le mène au *Lion d'argent*, il note que les femmes du peuple, fortes et bien musclées, ont souvent les pieds nus et toujours des jupons courts. Après avoir donné son nom au bureau de la douane, il entre dans les rues où l'affluence de la population le surprend.

---

[1] Dr Rigby's *Letters from France, etc. in* 1789, edited by his daughter Lady Eastlake. London, 1880. Ce livre n'a pas été traduit en français.

A l'hôtel, il décrit le costume de la fille de chambre, qu'il trouve quelque peu suranné. Sous un bonnet garni de deux ailes ou bandeaux, les cheveux, sans frisures et sans boucles, apparaissent à peine. Le corsage est singulier, mais il ne peut en donner une idée. La servante a deux longs pendants d'oreilles, un collier et une croix brillante. En attendant ses bagages et sa voiture, qui devaient arriver par le paquebot suivant, Rigby passe la journée et la nuit à Calais. Il dîne à 3 heures ; on lui sert du maquereau *à la française*, le reste est apprêté à l'anglaise ; la bière est mauvaise, mais le vin ordinaire bon, le bourgogne excellent.

Après dîner, promenade sur la jetée. Il y a nombreuse compagnie. Des petits garçons se baignent, en demandant un liard ; des femmes pêchent... De là, sur les remparts, où il rencontre trois régiments. Les soldats sont beaux et forts, parfaitement bien sous les armes ; pour l'exercice, inférieurs aux soldats anglais. Leurs bas ne sont pas tous de la même couleur. Près d'une des portes s'élève un grand crucifix, devant lequel quelques femmes disent des prières. Les rues sont pleines de monde, beaucoup reviennent de la campagne avant la fermeture des portes ; quelques femmes élégantes sont bien habillées *à l'anglaise*. Le soir, au clair de lune, sur les remparts, un soldat en faction barre le chemin à Rigby et à ses compagnons, en leur criant : « Retournez ! » Il faut revenir dans les rues, où, par une belle soirée de juillet, les promeneurs affluent, particulièrement les femmes et les enfants, tous gais et contents... Voici, à peu près au complet, le journal de la première étape de notre docteur en France ; le récit des suivantes n'est pas moins rempli de détails et de faits, qui ont la concision d'un carnet de voyage, mais en même temps un singulier caractère de véracité et pour ainsi dire de vie.

Rigby voyageait avec trois Anglais de ses amis ; à eux quatre, ils remplissaient un landau attelé en poste. Les voilà partis de Calais à 6 heures du matin ; ils ont deux postillons et six chevaux, ou plutôt, car avec le docteur il faut être précis, cinq chevaux et un mulet. « Ces animaux sont à l'état de nature, avec leur longue crinière, leur longue queue, leurs pâturons poilus, leurs harnais de cordes ; mais ils marchent bien, à une allure solide, faisant environ sept milles par heure, sans être fouettés, ni paraître très fatigués. Les postillons, cependant, font adroitement claquer leur fouet dans tous les sens au-dessus de leur tête, pour qu'on fasse place à la poste royale, à peu près comme les conducteurs des *mail coachs* anglais sonnent du cor aux approches des villes. » Les routes, bordées d'arbres, parfois pavées, trop fréquemment en ligne droite, sont aussi bonnes que les routes anglaises. Le pays est plat, plein de villages et de chaumières. Son étonnante fertilité frappe surtout Rigby. Pendant vingt-cinq lieues, il n'y a pas un arpent qui ne soit admirablement cultivé. Les moissons sont au-dessus de ce qu'il peut imaginer ; des milliers d'arpents sont couverts d'un froment supérieur à celui que peut produire l'Angleterre ; les avoines sont extraordinairement hautes. Il y a aussi une immense quantité de fèves, assez de lin, quelque tabac et du pastel. On parlait à Calais de la rareté des grains ; on ne s'en aperçoit pas dans les campagnes. On aurait peine à croire, en les voyant, qu'une disette pût avoir lieu, si la population des villes n'était pas aussi dense. Les routes elles-mêmes sont

couvertes de monde, de voitures, de chariots, de charrettes. Rigby est surtout étonné de l'aspect de la population. En sa qualité d'Anglais et de whig déclaré,
il était persuadé que les Anglais seuls étaient des
hommes libres, et que tous les peuples du continent,
y compris les Français, étaient des esclaves gémissant
sous le poids du despotisme. N'avait-il pas lu des
assertions de ce genre, dans les récits de Smollett et
d'autres voyageurs, dans les écrits des publicistes, dans
les discours politiques? Aussi, c'est une grande surprise pour lui que de voir les Français sous un tout
autre aspect que celui sous lequel il se les était figurés.

« Nous avons vu, dit-il, les scènes les plus agréables
dans la soirée qui a précédé notre arrivée à Lille : les
habitants étaient assis en groupes sur leurs portes ; les
uns fumaient, les autres jouaient aux cartes, d'autres
filaient du coton. Partout, nous avons vu des marques
d'industrie, et tout le monde semble heureux. Nous
avons, il est vrai, rencontré peu de signes d'opulence
parmi les individus, car nous ne voyons pas autant de
châteaux qu'en Angleterre ; mais aussi nous avons vu
peu de membres des plus basses classes en haillons,
livrés à la fainéantise et à la misère. Que de singuliers
préjugés nous nous faisons à l'égard des étrangers !
J'avoue que je regardais les Français comme frivoles
et nuls, que je croyais qu'ils étaient d'une apparence
chétive et qu'ils vivaient dans un état de misère, par
suite de l'oppression que leur faisaient subir leurs
supérieurs. Tout ce que nous avons vu contredit cette
opinion ; les hommes sont forts et athlétiques, et l'aspect du pays montre que le travail n'est point décou-
ragé. Les femmes aussi, — je parle des classes inférieures, — sont fortes et bien faites, et semblent

L'arrivée de la diligence (XVIIIᵉ siècle), d'après Louis-Léopold Boilly.

travailler beaucoup, surtout dans les campagnes. Elles portent de lourds fardeaux et semblent avoir pour tâche d'aller au marché avec le produit des champs et des jardins sur leur dos. Une Anglaise peut-être trouverait leur sort bien rude, mais les paysannes d'Angleterre ne sont certainement pas aussi prospères ; je suis sûr qu'elles ne paraissent pas aussi heureuses. Ces femmes, avec de grands et lourds paniers sur leur dos, ont toutes des bonnets en très bon état, les cheveux poudrés, des boucles d'oreilles, des colliers et des croix. Nous n'en avons pas vu une seule en chapeau. Ce qui me frappe le plus, c'est l'étonnante différence qui existe entre ce pays et l'Angleterre. Je ne sais pas ce que nous en penserons plus tard, mais pour le moment la différence paraît être en faveur de la France ; si les habitants n'en sont pas heureux, il semble du moins qu'ils sont bien près de l'être. »

C'est à Lille que le docteur Rigby écrivait aussi à sa femme et à ses filles, qu'il appelait *my dear loves*, mes chères amies. Il était 5 heures du matin ; par les fenêtres de l'hôtel de Bourbon, où il était descendu, il apercevait le marché rempli de monde depuis une heure ou deux. Il ne pouvait s'empêcher de remarquer que dans la jolie mais tranquille ville épiscopale de Norwich, il n'y avait peut-être, à la même heure, qu'une ou deux personnes traversant la place du marché. Ici, hommes, femmes, soldats, voitures et chariots y affluent. Il y a des centaines de femmes, toutes en bonnet. Le nombre des soldats est considérable. On compte dix mille hommes de garnison.

« Les soldats sont très propres, dit Rigby ; bien loin d'être maigres et de mauvaise mise, comme John Bull veut nous le persuader, ils sont bien faits, grands, beaux,

et ont une gaieté et une politesse, dans leur extérieur
et leurs manières, qui est particulièrement agréable à
voir. Ils paraissent aussi très bien portants, car on
prend grand soin d'eux. »

La pluie qui survient force les voyageurs à se réfugier dans l'église Saint-Pierre. On dit la messe. La
musique, les ornements des prêtres, font un effet saisissant. Les instruments de musique sont ordinairement des basses, des contre-basses et des serpents ; on
n'ose se servir de l'orgue, dont l'éclat, dit-on, pourrait
ébranler l'édifice. Rigby visite ensuite les couvents.
En sa qualité de protestant, la vue des religieuses est
pour lui un triste spectacle ; cependant elles ne lui
semblent pas malheureuses. Il est surtout frappé de
la manière dont on observe le dimanche ; il lui paraît
que ce jour ne diffère des autres que parce qu'on s'y
amuse davantage. Les boutiques sont toutes ouvertes
et le peuple travaille comme de coutume. Il lui semblerait que la religion est peu comprise ; pendant le
service divin, l'assistance récite ses prières avec indifférence et précipitation. S'il y avait un peu plus de
dévotion dans les églises, il approuverait beaucoup les
plaisirs que l'on goûte le dimanche, car il est sûr qu'ils
contribuent au bonheur du peuple. L'affaiblissement
du sentiment religieux, que constate Rigby à Lille,
n'est-il pas un symptôme frappant des progrès et de
la diffusion des idées philosophiques dans les villes,
à la veille de la Révolution ?

Entre Lille et Douai, Rigby constate la même gaieté
dans les populations des villages qu'il traverse ; dans
la soirée, de nombreux groupes se livrent à la danse.
A Cambrai, ville bien bâtie comme Douai, il visite
te tombeau de Fénelon à la clarté des chandelles.

Mais la cuisine de l'hôtel le charme particulièrement. « Nous aimons beaucoup, dit-il, la manière de vivre des Français ; leur cuisine est admirable, on nous sert des fricassées qui feraient les délices d'un alderman de Norwich. »

En pénétrant en Picardie, le ravissement de cet heureux voyageur continue. Le pays est charmant, car il commence à être plus accidenté qu'en Flandre ; la culture y est portée à un degré incroyable. Elle est faite surtout par des femmes. Tout est cultivé à la main ; on sème des carottes avec le froment, et on les récolte successivement. C'est un spécimen extraordinaire d'industrie agricole. Non seulement Rigby est confirmé dans l'opinion qu'il s'est formée du bonheur du peuple, mais voilà qu'il trouve les femmes de plus en plus belles. « Dans la petite ville de Roye, écrit-il à sa famille, les femmes sont vraiment d'une beauté saisissante, et à peu près toutes celles que nous vîmes peuvent être regardées comme des objets d'admiration. Leur costume est d'une charmante simplicité ; leur coiffure est soignée ; leur figure animée par de doux sourires. Elles semblent avoir la simplicité de la nature et de l'innocence. On nous dit que l'eau est si bonne à Roye qu'elle rend toutes les femmes belles. » Est-ce bien croyable ? et le bon docteur n'est-il pas sous le charme des surprises et des plaisirs de son voyage ? Le temps est si doux qu'on a baissé la capote du landau, et les voyageurs pénètrent dans la grande forêt de Chantilly. Si les jardins du château leur plaisent peu, si les magnifiques appartements sont surchargés de dorures et d'ornements, la situation de Chantilly n'en est pas moins charmante. « La France me paraît un pays merveilleux, écrit Rigby de Chantilly ; je suis sûr que les voyages ne procurent pas seulement du plaisir, c'est la meilleure source d'instruction et d'amélioration intellectuelle, et c'est la seule chose qui puisse dissiper des préjugés qui, je commence à le penser, existent aussi complètement en Angleterre qu'ailleurs. »

Le soir même du jour où ils avaient quitté Chantilly, les quatre Anglais arrivèrent à Paris. Ils évitèrent les lenteurs de la visite des barrières en donnant un petit écu au commis de l'octroi, et ils descendirent au grand hôtel du Palais-Royal.

Ils séjournèrent à Paris du 8 au 19 juillet 1789. Rigby assiste en spectateur, comme un passant désintéressé, mais quelque peu passionné, aux événements qui s'accomplissent et qui auront une influence si profonde sur les destinées de la France. En arrivant à Paris, il n'a guère d'autres préoccupations que celles d'un touriste ; il découvre avec satisfaction que cette ville n'est pas sale, mal bâtie, incommode, comme le prétendent ses compatriotes de mauvaise humeur. « Il y a plus de beaux édifices qu'à Londres, dit-il, et tous les édifices dignes d'être visités y sont plus accessibles. » Mais ce qu'il dit de ces édifices, des spectacles, des promenades, n'a rien de bien nouveau ; nous ne parlerons pas non plus d'une excursion qu'il fit à Versailles, où il assista à une séance de l'Assemblée nationale, obtint une audience de Target, et vit le roi et la reine se rendre à la messe en grande cérémonie. La figure de la reine, qui venait de perdre récemment un fils, lui parut empreinte de tristesse et d'inquiétude. Ce qui a surtout un réel intérêt dans les lettres de Rigby, c'est la peinture des rues de Paris la veille et le jour de la prise de la Bastille, c'est la physionomie de la population pendant ces journées trop fameuses, ce sont les difficultés et les vexations que nos Anglais éprouvèrent lorsqu'ils voulurent gagner les barrières de Paris pour continuer leur voyage. Mais ces détails appartiennent à l'histoire[1], et nous nous hâterons de rejoindre Rigby et ses amis sur la route de Dijon. Il semble qu'ils respirent plus à l'aise après avoir échappé au tumulte, au bruit, aux dangers de la capitale. Cette satisfaction influe peut-être sur l'appréciation que Rigby fait de son voyage de Paris à Dijon. Il commence à chanter de nouveau les mérites de la France.

« Je suis surpris, écrit-il de Dijon, qu'il m'ait été dit qu'il était si désagréable de voyager en France, que les routes sont exécrables, les chevaux si mauvais, qu'ils ne peuvent marcher, etc., etc. Nous avons maintenant une expérience suffisante pour déclarer qu'il n'en est pas ainsi, et que beaucoup d'autres opinions, qui ont cours en Angleterre, et qui sont défavorables au pays et aux habitants, sont également fausses. A mesure que nous avançons, je sens augmenter mon admiration pour la grandeur de ce royaume, sa population étonnante, l'industrie de ses habitants. Nous avons fait maintenant plus de cent cinquante lieues en France, et nous avons à peine vu un arpent de terre inculte, excepté les forêts et deux parcs, l'un appartenant au prince de Condé, l'autre au roi, à Fontainebleau. Partout ailleurs, à peu près chaque pouce de terrain a été labouré ou bêché, et en ce moment il semble écrasé sous le poids des moissons. Le long des

---

[1] Nous les avons en grande partie fait connaître dans le *Correspondant,* du 25 juillet 1883.

routes, au bord de l'endroit où passe la roue des voitures, au sommet même des montagnes, on peut voir
les effets du travail de l'homme. Depuis que nous avons
quitté Paris, nous avons traversé une région où la
vigne est cultivée. Celle-ci pousse sur le flanc et même
sur le sommet des collines les plus élevées. Elle réussit
aussi sur un sol trop ingrat pour produire du grain,
et sur les bords de précipices où aucun animal ne
pourrait tirer la charrue. »

Au delà de Vitteaux, les voyageurs se trouvèrent
sur un plateau parsemé de rochers, et qui n'en était
pas moins bien cultivé. A l'extrémité de ce plateau,
ils eurent une vue étendue et charmante. C'était vers
le soir, le soleil lançait à travers les nuages de larges
traits de lumière. L'air était d'une pureté admirable.
Au premier plan, s'élevaient les ruines d'un magnifique château du moyen âge. Un vaste panorama se
déroulait jusqu'à l'horizon, avec des collines abruptes,
des vallées profondes et d'immenses forêts hérissées
de rochers. De nombreux villages apparaissaient dans
les vallées, dont le fond était occupé par des prairies
remplies de bestiaux et de faneurs, ou par des champs
cultivés, tandis que les versants étaient couverts de
bois et de vignes. Le contraste des rayons épars du
soleil avec l'aspect sombre et triste des grands bois
produisait un admirable effet. « Quand je vois de
pareils paysages, écrivait Rigby à sa femme et à ses
filles, je souhaiterais que vous fussiez avec moi : mais
quand les troubles commencèrent à Paris, je fus
heureux de vous savoir toutes saines et sauves à Framingham. »

Les villes qu'il traversa avaient ressenti le contre-
coup des événements de Paris. A Sens, dont il remarque

les rues étroites et les maisons de bois, les soldats
et les bourgeois faisaient l'exercice sur la place, aux
applaudissements des femmes qui sont aux fenêtres.
A Joigny et ailleurs, le peuple, très animé, portait la
cocarde nationale, et se précipitait autour des voyageurs pour avoir des nouvelles de Paris. Rigby s'arrêta
plus longtemps à Dijon, qui lui parut propre et bien
bâti. Il y visita l'hôpital général de la Charité qu'il
ne put assez admirer. L'état de cet hôpital forme un
tel contraste avec celui de l'hôtel-Dieu de Paris quelques
années auparavant, qu'il nous semble utile de reproduire en entier le passage des lettres de Rigby qui le
concerne. On y remarquera les détails relatifs à l'hospitalité accordée aux voyageurs, qu'on peut comparer
à la belle institution moderne de l'hospitalité de nuit.

« Jamais, dit le docteur, aucun établissement de ce
genre ne m'a plu davantage. La charité et le bon sens
semblent avoir présidé à la construction de cet hôpital.
C'est un édifice vaste et élevé, en dehors des murs de
la ville, recevant l'air pur des montagnes voisines.
Il contient trois cents lits, tous de fer, avec des draps
et des couvertures de coton blanc, aussi propres que
ceux d'un quaker à Norwich. Je ne pus trouver nulle
part la plus légère odeur malsaine ou désagréable. Les
salles sont très grandes et ont au moins trente pieds
de haut. Quelques-unes sont destinées aux vieillards
infirmes ou incurables; d'autres, situées à l'écart, aux
aliénés; et deux d'entre elles sont réservées aux enfants
trouvés. Mais ce qui me frappa le plus, ce fut une
grande sallé, aménagée avec le même confortable pour
la réception des étrangers sans ressources. Là, le voyageur fatigué peut trouver à la fois un asile et le repos.
On lui permet d'y rester trois jours, on le fournit de

17

tout ce dont il a besoin, et s'il est sans le sou, on lui
donne un peu d'argent à son départ. Je n'ai jamais
rien vu de si intéressant. Beaucoup de lits étaient alors
occupés par des voyageurs dont la figure était brûlée
par le soleil, et qui ronflaient avec une parfaite sécu-
rité, sans être troublés par ces appréhensions qui,
dans bien des cas, interrompent le sommeil de ceux
qui sont loin de chez eux. J'enviais réellement le fon-
dateur de cet excellent établissement. J'enviais même
les personnes qui ont l'agréable tâche d'accomplir ses
charitables intentions. Je suis sûr que j'ai raison d'en
faire l'éloge, car le plus grand soin est nécessaire pour
obtenir une telle propreté, une telle tenue, un tel
confort. Mais je dois m'arrêter. Je reviendrai sur ce
sujet quand je serai chez moi, et si vous êtes de moitié
aussi émues par mon récit que je l'ai été par la réalité,
il vous fera venir les larmes aux yeux. La cuisine elle-
même était également propre, et la pharmacie ou dis-
pensaire la mieux tenue que j'aie jamais vue ; mais la
salle était trop petite et mal éclairée... »

En poursuivant sa route vers Lyon, notre bon docteur continue à s'extasier sur la beauté de la campagne, « de ces collines qu'en Angleterre on appellerait des montagnes et qui sont couvertes de vignes
verdoyantes jusqu'au sommet, tandis que des maisons,
des villages, des villes s'élèvent sans nombre à leur
pied. » C'est à peine s'il indique, comme une ombre
au tableau, les mendiants qui, à chaque relai de poste,
entre Dijon et Beaune, viennent entourer sa voiture.
Tout le long du chemin, il s'exclame avec ses compagnons : « Quel pays ! quelle fertilité ! quels habitants
industrieux ! quel charmant climat ! » C'est seulement
aux environs de Chalon-sur-Saône qu'ils rencontrent

pour la première fois quelques friches. Partout on
moissonne dans les campagnes, tandis que la population des villes est en combustion, par suite des nouvelles politiques. Aux abords de Beaune, les voyageurs
rejoignent des bourgeois armés, qui font route en voiture, à cheval et à pied. Les piétons arrêtent leur landau, et les prenant pour des nobles, coupent les traits
des chevaux ; d'autres bourgeois s'interposent pour
qu'on laisse les Anglais libres. A Beaune, où les
femmes sont très jolies, les habitants portent tous la
cocarde. Partout, Rigby trouve les mêmes manifesta-
tions en faveur de la liberté et contraires à la noblesse.
Un abbé ou curé, avec lequel il cause, exprime les
mêmes sentiments. Partout on crie : *Vive la nation !*
et : *Vive le tiers état !* partout on porte la cocarde nouvelle ; seulement, à Mâcon, elle [est bleue et blanche.

Les quais bordés de magnifiques maisons de pierre,
l'éclairage brillant des rues au moyen de lampes d'Ar-
gand, le nombre des églises et des couvents, frappent
notre voyageur à Chalon-sur-Saône. A Mâcon, le soir,
la population se presse sur les quais, qui sont superbes,
et sur le pont. « Il y avait là, dit Rigby, des centaines
de dames bien mises et de messieurs, se délassant,
causant, assis sous les portiques, sur des bancs ou des
chaises près de la rivière. J'aurais désiré être habitant
de Mâcon pour m'asseoir parmi ces gens heureux. Je
sur sûr que nous sommes moins sociables que les
Français et que nous y perdons beaucoup. » Le spectacle des ouvriers qui se rendent le matin à leur travail, qui chargent les bateaux, et des femmes qui vont
laver leur linge à la rivière, ne le frappe pas moins.
De Mâcon à Lyon, il signale la beauté croissante du
paysage. Aux approches de Lyon, les collines et les

vallées, singulièrement cultivées, garnies de bois, de vignes et de vergers, offrent de toutes parts à la vue une multitude de châteaux et de maisons de campagne, appartenant aux riches manufacturiers de la ville, de fermes et de chaumières bien tenues, et forment un spectacle qui, selon Rigby, n'a pas d'égal au monde.

L'intérieur de Lyon est moins séduisant. Maisons hautes, rues étroites, odeurs détestables. Rigby va visiter le célèbre hôtel-Dieu, qui contient onze cents lits de fer, pour un nombre égal de malades. Les draps sont en fil, mais ne sont pas propres. Les salles sont grandes, mais trop remplies. En somme, cet hôpital ne saurait être comparé pour la tenue à celui de Dijon. Ce que notre docteur apprécie le plus à Lyon, c'est la vie aisée des classes bourgeoises. Il va visiter la maison de campagne d'un riche marchand, d'où l'on a une vue superbe qui s'étend jusqu'au mont Blanc. Cette maison lui semblerait suffire en Angleterre à des personnes du plus haut rang. « Elle est aménagée, dit-il, de la manière la plus confortable, et elle a des lits pour recevoir vingt ou trente étrangers... Nous apprîmes qu'il y avait beaucoup d'habitations de ce genre ; non seulement les marchands, mais les boutiquiers et les artisans, ont leurs maisons de campagne dans des sites également romantiques ; mais quoique charmantes, elles nécessitent peu de dépenses. Les loyers sont si bas, et les vivres si étonnamment bon marché autour de Lyon, que l'on m'assura qu'une personne mariée, avec quelques enfants, pouvait bien vivre avec 1500 francs de revenu ! Quel charmant pays que celui-ci pour les gens dont la fortune est modique ! Avec quelques centaines de guinées par an, l'on serait

très riche ! Beaucoup de familles anglaises sont établies
ici, et j'imagine que leur nombre augmentera, puisque
la forme du gouvernement est sur le point de s'amé-
liorer. Le naturel du peuple le dispose à la sociabilité...
Loin d'être froid, comme celui des Anglais, il est tout
vivacité et politesse. »

Nous n'analyserons pas les impressions de voyage
du docteur Rigby, pendant sa navigation sur le Rhône,
où il ne cesse pas d'admirer le paysage et où il remarque que les fissures mêmes des rochers sont cultivées avec soin ; nous ne reproduirons pas ce qu'il
dit des monuments et des antiquités de Vienne et de
Nîmes, du pont Saint-Esprit et du pont du Gard. Il
est singulièrement frappé du changement de la végé-
tation aux environs de Nîmes, où des milliers d'oliviers ont été détruits par la rigueur de l'hiver précé-
dent. Il est également surpris de l'affluence considérable
de monde qui se trouve à la foire de Beaucaire. Aix est
bien bâtie ; les rues sont larges, et dans la promenade,
ombragée de vieux ormes, les habitants se pressent le
soir. Rigby remarque qu'il a été assez heureuux pour
trouver partout les promenades remplies au moment
où il y arrivait ; c'est qu'on était au mois de juillet,
et que la température invitait à sortir le soir. La situation de Marseille et l'aspect de ses quartiers neufs lui
plaisent encore davantage. « Une grande partie de la
ville a été reconstruite depuis quarante ans ; les maisons sont élevées, bâties en pierres blanches ; les rues
larges et bien pavées ; de plus, elles sont très propres
et purifiées par des ruisseaux d'eau qui courent le long
de beaucoup d'entre elles. »

Au delà de Marseille, son enthousiasme augmente
pour les beautés de la route. « Vous sourirez, j'en suis

sûr, écrit-il à ses « chères amies », à m'entendre dire
constamment que ce que je viens de voir surpasse en
beauté tout ce que j'ai vu auparavant. » L'aspect des
gorges d'Ollioules, entre Marseille et Toulon, dépasse
tout ce qu'on peut imaginer. Là encore, partout où les
rochers laissent place à la moindre parcelle de terre
végétale, l'industrie des habitants a planté des légumes
de diverses sortes. Le naturaliste observe aussi des
plantes rares qui poussent sur le flanc des rochers.
A Toulon, où les officiers et les employés de l'État
dominent, il est frappé pour la première fois de ne
rencontrer aucun signe de réjouissance à l'occasion de
la Révolution ; mais la gaieté française y règne comme
ailleurs ; elle apparaît « dans les sourires des femmes,
dans l'amabilité avec laquelle les hommes leur parlent
à la porte des maisons, en jouissant du charme de l'air
délicieux qu'on respire le soir ». S'il continue à admirer
les beautés incomparables des côtes de la Méditerranée,
la richesse, la nouveauté et la variété de leur végéta-
tion, il est moins satisfait de la ville de Fréjus, qui
lui paraît en décadence, et dont l'hôtel est très sale.
Antibes, en revanche, est propre et bien bâtie. Au
moment de quitter la Provence, il s'extasie sur la beauté
du ciel et du pays. Il admire encore la manière dont le
sol est cultivé, les plantations d'olivisrs et de figuiers, et
les aloès, qui sont parfois plantés en haie. Il ne peut
s'empêcher d'éprouver quelque tristesse en entrant en
Italie. « Croyez-moi, écrit-il aux siens le 2 août, j'ai
quitté la France avec regret. Je ne la reverrai plus
probablement, et je dois au voyage que j'y ai fait, ainsi
qu'aux circonstances politiques au milieu desquelles
je me suis trouvé, des impressions qui ne s'effaceront
jamais de mon esprit. J'ai été enchanté du peuple :

travail, contentement et bon sens, sont les traits particuliers de son caractère. Les derniers événements politiques, si importants pour leur sort futur, ont été amenés par le courage et la persévérance des classes moyennes, qui me paraissent plus éclairées ici que chez nous. En Angleterre, les hommes parlent seuls politique, et ils le font dans des tavernes où ils ne sont pas animés, mais troublés par la boisson ; ici, dans les promenades publiques et les rues, les habitants de la ville et des environs échangent mutuellement leurs opinions. Mais je dois m'arrêter... »

Arrêtons-nous aussi, car nous ne pouvons suivre le docteur Rigby dans le Piémont, en Suisse, dans l'Allemagne et la Hollande qu'il traverse pour retourner en Angleterre. Il juge sévèrement ces derniers pays ; mais sa sévérité même prouve que ses appréciations si favorables à la France n'étaient pas le résultat d'une bienveillance naturelle à son caractère. Cependant si son témoignage est à la fois véridique, éclairé et point systématique, il ne s'ensuit pas qu'il doive être regardé comme complet et qu'il n'ait pas besoin d'être contrôlé par d'autres. La vérité historique ne se forme que par la comparaison et le rapprochement des témoignages les plus divers. Celui du docteur Rigby, qui a traversé de riches provinces de France dans sa chaise de poste, ne saurait infirmer celui d'Arthur Young, qui a parcouru le royaume en différents sens et à plusieurs reprises ; mais il le complète et le rectifie sur certains points. C'est, si l'on veut, un témoin à décharge ; mais les témoins à décharge ne doivent pas moins être entendus que les autres. Ils doivent l'être avec une bienveillance particulière, quand il s'agit du passé de notre pays ; ils doivent l'être surtout à une époque où l'accusation a des appuis officiels que n'a pas la défense. Ajoutons en terminant que les lettres du docteur Rigby doivent être lues avec d'autant plus d'intérêt, que la sympathie qu'il témoigne à nos pères doit exciter notre sympathie à son égard ; il a des préjugés dont il se dégage difficilement, mais il est honnête, il est sincère, il a le cœur ouvert aux entraînements généreux comme aux sentiments de famille, et il mérite quelque peu notre affection, il a quelque droit à notre gratitude, parce qu'il a beaucoup aimé et qu'il fait aimer la France et les Français.

XXIII

UN VOYAGEUR RUSSE EN 1790. — KARAMSINE.

Comme Rigby, l'historien russe Karamsine[1] a vu et présenté la France sous un aspect séduisant ; dès qu'il pénètre en Alsace, il se montre disposé à l'admiration : « C'est un beau pays, dit-il ; les villes et les villages y sont d'une construction agréable. Des deux côtés de la route, on voit des champs admirablement cultivés. » La Suisse également offre une apparence d'abondance et de richesse. Quel contraste avec la Savoie, où le peuple est paresseux, le sol maigre, les villages presque déserts ! Après avoir passé l'hiver à Genève, Karamsine rentre en France par le Fort-l'Écluse. Il couche, non loin de la Perte du Rhône, dans l'auberge d'une petite bourgade. « On nous donna, dit-il, une jolie chambre très propre ; on fit du feu dans la cheminée, et on nous servit un souper composé de six ou sept plats avec dessert. J'entendais au dehors des airs rustiques, qui, se mariant aux gémissements de la brise, me plongeaient dans une douce rêverie. » Du reste, sur tout le chemin, jusqu'à Lyon, il rencontre partout,

---

[1] *Lettres d'un voyageur russe en France, en Allemagne et en Suisse,* traduites du russe par V. de Parochine, Paris, 1867. — M. Legalle publie une nouvelle traduction de ces lettres très intéressantes dans la *Revue de la Révolution.*

« dans les endroits les plus écartés, dans les plus pauvres villages, de bonnes auberges, une nourriture suffisante, des appartements propres avec des cheminées. » Un dîner pour deux coûte trois livres dix sous ; mais notre voyageur remarque que, dans toutes les auberges, on soupe sans soupe, parce qu'on ne sert jamais de soupe au souper, et qu'on ne met sur la table que des cuillers et des fourchettes, parce qu'on suppose que chaque convive doit apporter son couteau.

A Lyon, malgré l'effervescence révolutionnaire qui agite les rues, on va beaucoup au spectacle. Vestris fait fureur. « Son âme est dans ses jambes, dit Karamsine... Je n'aurais jamais cru qu'un danseur pût me procurer autant de plaisir. » Notez que Karamsine est un poète distingué, qu'il fut plus tard un historien éminent, et que les lettres qu'il écrivit pendant son voyage ont de véritables qualités littéraires. Son témoignage est digne de foi, soit quand il décrit l'enthousiasme que le talent de Vestris suscite à Lyon, soit lorsqu'il montre la turbulence et l'insolence de la populace de Lyon et de Strasbourg exaltée par la Révolution. Les mendiants et les mauvais sujets ne veulent plus travailler depuis qu'on crie à qui veut l'entendre que la France est souveraine et libre. Et notre Russe, jugeant plus froidement les événements que ne le font les Anglais, dira avec justesse : « Le peuple en France est devenu le plus grand des despotes. »

Il s'en occupe, du reste, le moins possible ; il visite les monuments, suit les théâtres, et note tranquillement sur son chemin ce qui frappe particulièrement sa vue. De la diligence d'eau, sur laquelle il remonte la Saône jusqu'à Chalon, il aperçoit « les plaines fertiles qui s'étendent sur les deux bords de la rivière ;

des collines, des monticules çà et là ; partout de jolis hameaux, des vergers, des maisons de campagne, des châteaux avec leurs tours et tourelles ; une culture très avancée, l'industrie et ses bienfaisants résultats ». A Montmerle, on débarqua pour dîner. Les passagers sont « assaillis par une douzaine de femmes tenant auberge, qui toutes veulent emmener chez elles d'aussi *aimables voyageurs*, chacune disant qu'elle a tout ce qu'on peut désirer de meilleur en potage, ragoût, vin et dessert ». Après le dîner, dont il fut très content, Karamsine et son compagnon de route se promènent sur le bord de l'eau, « entrant dans les maisons des paysans, qui sont très proprement tenues, et causant avec ces braves gens. Leurs filles sont enjouées et modestes ; elles n'ont pas perdu le don naturel de savoir rougir. Dans une de ces maisons, toute la famille était à table ; il y avait, sur une nappe blanche, un potage, un plat d'épinards et un pot de lait. Quant aux sabots des paysans français, ajoute Karamsine, ils sont loin de me plaire, et je ne comprends pas comment ils n'en sont pas estropiés. »

A Chalon, notre Russe prend la poste. « Elle n'est pas plus chère qu'en Allemagne et elle y est meilleure. Les chevaux sont toujours prêts, les routes excellentes, les postillons lestes et adroits. Villes et villages passent rapidement sous ses yeux. » L'ombre au tableau, ce sont les pâles visages et les haillons des mendiants, qui à chaque station viennent assaillir les voyageurs.

Ils arrivent à Paris, pleins d'émotion, par le faubourg Saint-Antoine. Rues étroites, malpropres, maisons hideuses, gens déguenillés. Est-ce bien là Paris qu'on se figure si beau de loin ? mais voici les quais, avec des édifices splendides, de grandes maisons à six étages,

de riches magasins. Quelle foule variée ! Quel bruit !...
le public s'agite comme une mer houleuse. Karamsine
descend avec son ami à l'hôtel Britannique, rue Gué-
négaud. On lui donne deux jolies pièces meublées, au
troisième étage, moyennant deux louis par mois. L'hôtesse les accable de politesses, et ne cesse de les appeler
aimables étrangers. Les hôtesses étaient alors singulièrement avenantes. La maîtresse de l'hôtel de Milan
à Lyon avait accueilli Karamsine avec un sourire comme
il n'en avait jamais vu ni aux Allemandes, ni aux Suis-
sesses.

Karamsine resta près de trois mois à Paris; il a
dépeint quelques-uns de ses aspects d'une manière
agréable, donnant même des détails assez piquants,
qu'on peut lire après le *Tableau de Paris*, de Mercier.
Il a décrit assez bien sa vie journalière. Le matin, lire
les feuilles publiques, en prenant son café, un café
supérieur à tout ce qui se donne sous ce nom en Allemagne et en Suisse ; se faire accommoder par un coiffeur
qui vous inonde d'eau de senteur et vous blanchit la
tête d'une poudre fine et délicate, en racontant mille
anecdotes sur Mirabeau, Maury, Bailly et Lafayette;
aller ensuite au Palais-Royal, aux Tuileries, chez les
libraires ou les marchands d'estampes; dîner au restaurant, où pour un rouble on a cinq ou six mets très
bien apprêtés et un dessert; visiter ensuite une église,
un monument ou une galerie de tableaux, avant d'aller
à l'Opéra ou à la Comédie; finir sa soirée au café de
Valois ou au *Caveau*, en prenant une bavaroise et
en assistant au spectacle animé et brillant des galeries
du Palais Royal. « C'est ainsi que je passe mon temps,
dit notre jeune Russe, et je m'en trouve bien. »

Il s'en trouve d'autant mieux, qu'il s'occupe peu de

politique. Il eût été difficile cependant de n'en rien dire au mois d'avril 1790. « Qui aurait pu s'attendre à de pareilles scènes, écrit Karamsine, de la part de ces frivoles Français, si renommés pour leur amabilité et leur ardent royalisme ? » Du reste, selon lui, c'est à peine si la centième partie de la population prend part à la tragédie qui se joue en France. Le reste discute, dispute, applaudit ou siffle comme au spectacle. Ce n'est point ce genre de spectacle que recherche le jeune poète russe ; il préfère la conversation des savants, comme Barthélemy, à celle des hommes politiques ; il aime mieux se promener dans les environs de Paris, que d'assister aux séances de l'assemblée nationale. Il trouve ces environs charmants, et il ne se lasse pas de causer avec les paysans et les paysannes, qui lui plaisent par leur bonne franchise. « Où vas-tu, avec ce livre à la main ? demande-t-il à une petite fille. — Je vais à l'église, monsieur, prier Dieu. — C'est dommage que je ne sois pas de votre religion ; j'aurais aimé à prier à côté de toi, ma petite. — Mais le bon Dieu est de toutes les religions. — Convenez, mes amis, ajoute Karamsine, qu'une pareille philosophie a quelque chose d'admirable chez une petite fille de la campagne. »

Comme Sterne, comme Rigby, comme tant d'autres, Karamsine est séduit par les qualités sympathiques des Français. « Le feu, l'air, en deux mots, c'est leur caractère. Je ne connais pas de nation, écrit-il à une dame, plus ardente et plus éventée que la vôtre ; j'ajoute et plus aimable. On dirait que vous avez inventé la société, ou que la société a été inventée pour vous, tant la politesse et l'art de vivre avec les hommes semblent innés chez le Français. Personne ne possède comme lui le

talent de captiver les cœurs par un bon sourire,
par un regard prévenant... Tout ce que je suis en
droit de demander aux hommes, ils me l'offrent
de bonne grâce. La légèreté, l'inconstance s'allient chez
lui à des qualités qui tiennent à ces mêmes défauts.
Le Français est inconstant, mais il n'est pas rancunier ;
faire de l'admiration l'ennuie ; haïr trop longtemps lui
est insupportable... Une aimable inconséquence et une
franche gaieté sont les compagnes inséparables de sa
vie. De même que l'Anglais se réjouit de la découverte
d'une nouvelle île, le Français s'applaudit d'un nouveau calembour. Sensible à l'extrême, il devient pas-
sionnément amoureux de la vérité, de la gloire, des
grandes actions. Mais les amoureux sont infidèles :
aussi ses accès de colère et de frénésie sont terribles : la
Révolution en est une preuve foudroyante. Quel malheur, si cet affreux bouleversement doit avoir pour
conséquence d'altérer le caractère aimable, enjoué et
spirituel de cette nation ! »

XXIV

Gœthe dans l'Argonne

Gœthe n'est pas venu en France en simple voyageur ni en ami, comme Karamsine ; il s'y est introduit à la suite d'une armée ennemie, dans le but d'y chercher des impressions littéraires et historiques. Partageant les étapes de cette armée, ce n'est pas un observateur superficiel, qui voit seulement les monuments et les auberges, c'est un témoin d'autant plus précieux que, dans les hasards de sa vie de campagne, il a pénétré dans les maisons particulières et a pu y saisir sur le vif quelques traits de la vie domestique et intime. C'est pour faire connaître ces traits, souvent si difficiles à rencontrer, que nous analysons ici quelques passages de son récit de la campagne de France en 1792 [1].

Gœthe a fait cette campagne à la suite du duc de Weimar. Il parle souvent de la manière dont il fut nourri. Le grand homme était quelque peu gourmand. Avec quel empressement il visite les boutiques des confiseurs de Verdun ! Comme il déplore le gaspillage des excellentes et riches provisions que contient cette ville ! Comme il se régale à table d'hôte d'un bon gigot

---

[1] Gœthe, *Œuvres*, t. X, *Campagne de France*, tr. par M. J. Porchat.

et de vin de Bar! Mais les détails de genre, qui étonneraient chez un poète, si ce poète n'était Allemand, ont l'avantage de nous faire connaître comment se nourrissaient alors les Français des classes moyennes et inférieures. Dans le village de Somme-Tourbe, c'est en vain qu'on cherche des vivres de porte en porte. Gœthe avise une maison écartée; il y entre, y trouve deux soldats allemands, et, guidé par eux, pénètre dans une belle cave, qui contenait deux tonneaux et plusieurs compartiments de bouteilles casées dans du sable. Le poète et ses compagnons en prirent plusieurs du meilleur vin, et les rapportèrent en triomphe à leur bivouac. Était-ce un paysan qui habitait cette maison, dont la cave, si bien fournie, fut le théâtre de ce petit acte de maraude, que Gœthe raconte sans remords?

Les Allemands, qui ne mangeaient que du pain noir, étaient surtout surpris de voir les Français manger du pain blanc. Un jour, les Prussiens saisirent plusieurs chariots, remplis de pain blanc, qui était destiné à l'armée française. Un autre jour, Gœthe, pris de compassion pour deux jolis garçons de quatorze ou quinze ans, qui accompagnaient les chevaux réquisitionnés pour traîner sa voiture, voulut partager avec eux le pain de munition dont il se nourrissait. Ils le refusèrent sans dissimuler leur répugnance, et comme Gœthe leur demandait ce qu'ils pouvaient manger d'ordinaire, ils répondirent : « Du bon pain, de la bonne soupe, de la bonne viande, de la bonne bière. — Pain blanc, pain noir, dit le poète, c'est le véritable *schibboleth*, le cri de guerre entre les Allemands et les Français. » Le poète était-il bien sûr cependant qu'ailleurs les paysans ne mangeaient pas de pain noir?

Ce qui est certain, c'est qu'il avait été frappé de l'aspect d'aisance du pays, peu favorisé de la nature, dans lequel il se trouvait. Il rencontrait sur les plateaux de l'Argonne une population clairsemée, laborieuse, amie de l'ordre et contente de peu. On n'y voyait ni vermine ni pouillis. Les maisons étaient construites en maçonnerie et couvertes de tuiles, et les enfants, qu'on interrogeait dans les villages, « parlaient avec satisfaction de leur nourriture. »

Ailleurs, à Sivry, il décrit avec un charme réel ce qu'il appelle le caractère homérique et pastoral des maisons rurales de France. Après avoir traversé une petite cour carrée, il était entré dans une chambre spacieuse, haute, destinée à la famille ; elle était carrelée de briques. A gauche, le foyer était adossé à la muraille. Au coin du feu, un haut coffret à couvercle, servant de siège et renfermant la provision de sel. C'était la place d'honneur qu'on offrait à l'étranger le plus marquant ; les autres s'asseyaient sur des sièges de bois avec les gens de la maison. Une grande marmite était suspendue à la crémaillère, renfermant le « pot au feu national » ; une pièce de bœuf y bouillait, avec des carottes, des navets, des poireaux, des choux et d'autres légumes.

« Pendant que nous nous entretenions amicalement avec ces bonnes gens, dit Gœthe, j'observais l'heureuse disposition du dressoir, de l'évier, des tablettes où étaient rangés les pots et les assiettes. Tous les ustensiles étaient brillants de propreté et rangés en bon ordre ; une servante ou une sœur de la maison rangeait tout parfaitement. La mère de famille était assise près du feu, tenant un petit garçon sur ses genoux ; deux petites filles se pressaient contre elle. On mit la table,

18

on posa dessus une grande écuelle de terre, dans laquelle on jeta du pain blanc coupé en petites tranches ; le bouillon chaud fut versé dessus, et l'on nous souhaita un bon appétit. Les jeunes gens, qui dédaignaient mon pain de munition, auraient pu m'adresser à ce modèle « de bon pain et de bonne viande ». Après quoi, l'on nous servit la viande et les légumes qui s'étaient trouvés cuits en même temps, et tout le monde aurait pu se contenter de cette simple cuisine. »

Gœthe reste une journée et une nuit chez ces bonnes gens. Les traditions des familles honnêtes régnaient chez eux. Lorsque la nuit vint, les enfants allèrent se coucher ; ils s'approchèrent avec respect du père et de la mère, firent la révérence, leur baisèrent la main, et dirent : « Bonsoir papa, bonsoir maman, » avec une grâce charmante. Il les revit, la nuit même, dans des circonstances bien différentes. Les soldats, après de longs pourparlers, s'étaient emparés d'un cochon, qu'ils finirent par payer et qu'ils amenèrent dans la maison. Les hôtes consentirent à les aider à « immoler la victime », dont on leur promit une part, et l'opération sanglante se fit dans la chambre « où les enfants dormaient dans des lits bien propres. Éveillés par le vacarme, ils regardaient avec une frayeur ingénue de dessous leur couverture. Près d'un grand lit à deux places, entouré soigneusement de serge verte, était suspendue la proie, de sorte que les rideaux formaient un fond pittoresque au corps éclairé. C'était un effet de nuit incomparable ». Les habitants ne s'en souciaient guère. Ils cherchaient à dérober leurs provisions à la rapacité des hussards. Ils avaient dissimulé avec soin la porte de leur potager, et ils se préoccupaient d'échapper au pillage des maraudeurs, dont [le passage eût été pour eux plus dangereux que celui des troupes régulières.

Nous ne suivrons pas Gœthe dans toutes les étapes où l'entraîna la retraite de l'armée allemande, après la bataille de Valmy. A Verdun, il s'installa au premier étage d'une belle maison ; elle appartenait à un chevalier de Saint-Louis, qui, de même que sa famille, ne voulut pas entendre parler des étrangers qu'il hébergeait forcément. Il séjourna également chez une honorable famille d'Étain.

Au milieu des tristesses de la guerre étrangère et des discordes civiles, Gœthe sait reconnaître les qualités morales de ces Français dont il fut l'hôte forcé. On peut appliquer à certains bourgeois des villes l'éloge qu'il fait d'une famille honnête et considérée, qui habitait à Arlon une maison bien bâtie et bien tenue dans laquelle il descendit. Arlon fait partie du Luxembourg, mais les habitants ont les mœurs et le langage français. « Au milieu de tous les maux qu'elles avaient soufferts, qu'elles avaient à craindre encore, écrit Gœthe, ces personnes montraient dans leur condition bourgeoise de la dignité, de l'affabilité et de bonnes manières, qui faisaient notre admiration et dont un reflet nous est venu dans les drames sérieux de l'ancien et du nouveau répertoire. Nous ne pouvons nous faire aucune idée d'un pareil état dans notre propre vie nationale et dans sa peinture. »

Quel hommage rend ainsi le poète allemand à la vie provinciale, telle qu'elle existait sous l'ancienne monarchie, avant que la Révolution ait pu la modifier ! Gœthe ajoute : « La petite ville (française) peut être ridicule ; les habitants des petites villes allemandes sont absurdes. » Le ridicule n'empêchait pas les qualités sérieuses et aimables d'un peuple, chez lequel s'était le plus souvent conservé dans les classes bourgeoises et rurales le respect de la religion et de la famille.

XXV

LA FRANCE ET LES PAYS ÉTRANGERS DANS LA SECONDE MOITIÉ DU XVIIIᵉ SIÈCLE

Lorsque le voyageur arrive au terme de sa course, il se plaît à rappeler à sa mémoire les divers spectacles qui ont frappé ses yeux et son imagination ; il les compare entre eux ; il les compare aux objets qui l'entourent, et forme ses impressions des rapprochements qu'il en tire. Nous pourrions de même résumer, au terme de notre travail, les principaux traits des relations que nous venons d'analyser, et comparer la France d'autrefois à celle d'aujourd'hui. D'incomparables progrès matériels ont été accomplis depuis cent ans, et l'on peut dire avec plus de raison de nos jours ce que Bossuet disait il y a deux siècles : « Je ne puis contempler sans admiration ces merveilleuses découvertes qu'a faites la science, ni tant de belles inventions que l'art a trouvées pour l'accommoder à notre usage. L'homme a presque changé la face du monde... » Mais les progrès éclatants dont nous sommes témoins ne sont pas le propre de notre pays ; ils sont le partage de toutes les nations chrétiennes. Aussi, pour apprécier avec justesse l'état de la France du xviiiᵉ siècle, ce n'est pas à la France d'aujourd'hui qu'il faut la comparer, c'est aux nations

du même siècle qui, tour à tour ses rivales, ses émules
ou ses alliées, se trouvaient entraînées dans le même
mouvement général de la civilisation.

Si l'on considère l'histoire de l'Europe à partir
du moyen âge, on remarquera que les peuples qui
habitent la majeure partie de ce continent ont eu de
nombreux points de contact, des sentiments, des
mœurs et des intérêts communs. Les deux principales races européennes, les races latines et germa-
niques, ont suivi, à des intervalles parfois inégaux,
les mêmes grands courants religieux, intellectuels et
politiques. Au moyen âge, de l'Espagne à la Suède,
le catholicisme, l'art ogival, la féodalité ont partout
prévalu. Si, à l'époque de la Renaissance, les nations
du Nord se sont affranchies de l'influence religieuse
de Rome, elles ont subi, par un singulier contraste,
les doctrines artistiques et politiques des races latines,
au lieu de leur imposer les leurs comme auparavant.
Malgré les rivalités et les guerres, malgré les diver-
gences de leur génie et de leur langue, les peuples
divers de l'Europe se communiquaient les progrès
qu'ils faisaient dans les arts et dans les sciences ; ils
échangeaient leurs produits comme leurs découvertes,
leurs marchandises comme leurs écrits, et s'ils se nui-
saient dans des luttes souvent prolongées, ils se rendaient utiles les uns aux autres dans les transactions
de la paix. Leurs divers langages s'étaient même
transformés peu à peu, à partir du XII\ siècle, pour
atteindre cette perfection relative qui devait donner
à chacun de ces peuples, et surtout à la France, son
heure ou son siècle de grandeur littéraire. Mais, si
cette heure a différé pour chacun d'eux, l'essor général était le même, et les progrès de l'esprit humain

avaient concordé dans toutes les nations chétiennes de l'Europe avec les progrès de la richesse et de la science.

Cette tendance à l'uniformité s'était accentuée particulièrement au XVIIIe siècle. Arthur Young remarque, dans ses voyages, combien les mœurs des différents pays se ressemblent, surtout dans les classes élevées. Il ne disait pas, comme Misson en 1685, que les modes et les manières de Nuremberg et d'Augsbourg sont aussi étranges que celles du Japon[1]. « Pour trouver du nouveau, écrit Arthur Young[2] en 1787, il faudrait aller en chercher chez les Turcs et les Tartares. » Comme la langue et la littérature française, les modes de France ont en effet pénétré dans toute l'Europe. Elles font fureur à Vienne, où l'on envoie régulièrement de Paris des poupées costumées selon le dernier goût; elles sont suivies dans les petites villes reculées de la Hongrie[3]; elles sont adoptées à Naples depuis 1770; quoi qu'en dise Alfieri, elles dominent à Lisbonne[4]. Non seulement les femmes de Berlin sont toutes au courant des modes de Paris, mais elles parlent toutes français, même entre elles[5]. L'étude du français est partout le complément d'une belle éducation; en Allemagne même, on regarde la langue du pays comme vulgaire, et chez les gens d'un certain rang, on fait apprendre le français avant

---

[1] *Nouveau voyage d'Italie* (*Voyage d'Allemagne*), éd. 1727, I, 103.

[2] *Voyages en Italie et en Espagne*, tr. par M. Lesage, p. 27.

[3] Baron de Riesbeck, *Voyage en Allemagne*, 1788, 2 vol.

[4] Duc du Chatelet, *Voyage en Portugal*, 2e éd., 1801.

[5] Guibert, *Journal d'un voyage en Allemagne fait en* 1773, I, 184.

l'allemand[1]. Presque toutes les grandes villes ont leur théâtre français. A Vienne, il y a deux théâtres ; le plus grand est le théâtre français. A Naples, le théâtre français est assez bon, et celui de Cadix même est monté, selon Swinburne, sur le ton le plus magnifique.

Ces symptômes d'une uniformité croissante, à laquelle la France avait largement participé, n'empêchaient pas les différences que le climat, la race, les mœurs, les gouvernements établissaient entre les diverses nations de l'Europe. Ces différences ont été signalées souvent par les voyageurs ; en les indiquant d'une manière très rapide, d'après leurs récits[2], nous verrons que beaucoup d'entre elles étaient à l'avantage de la France.

A coup sûr, on y voyageait aisément. Voltaire nous l'atteste. « Voyagez, messieurs, voyagez, dit-il à ses compatriotes, et vous verrez si vous serez ailleurs mieux nourris, mieux abreuvés, mieux logés, mieux habillés et mieux voiturés. » Ce que disait Voltaire était vrai en général, quoiqu'il soit nécessaire de faire quelques restrictions à son affirmation absolue. Les

---

[1] Moore, *Lettres d'un voyageur anglais,* I, 343.

[2] Nous empruntons les détails suivants aux ouvrages déjà cités de Sacheverell Stevens, de lady Montague, de Moore, de Rigby, d'Arthur Young, de Swinburne, de Coyer, de Guibert, de Dupaty, de Karamsine, de Forster ; nous avons consulté aussi les ouvrages de Grosley, sur Londres et l'Italie, l'intéressant *Voyage en Allemagne,* de Risbeck, *les Voyages en différentes parties de l'Europe,* de Pilati, le petit *Voyage à Berlin* de Voltaire, le *Grand Tour,* de Nugent, le *Voyage en Hollande et sur les frontières occidentales de l'Allemagne,* traduit de l'anglais par Cantwel, *A Journey in the year 1793 through Flanders, Brabant and Germany,* par C. Este, etc.

hôtels de Suisse, tels que les décrivent Montaigne et
Guibert, étaient préférables à ceux de France, et s'il
faut en croire George Forster, les auberges d'Angleterre étaient supérieures pour la propreté, le confortable et les attentions du service à celles du continent; mais on peut être assuré que nulle part la
cuisine n'était supérieure à la cuisine française. Tous
les voyageurs sont unanimes de même à reconnaître
que les routes de France sont meilleures et mieux
entretenues que celles des autres nations, quoique
d'assez grands progrès aient été réalisés, à la fin
du xviiie siècle, sur certaines routes d'Allemagne. Il
est inutile de parler de celles d'Espagne, en général
détestables, et celles d'Italie étaient souvent médiocres.
Quant aux moyens de transport, l'Angleterre seule
pouvait rivaliser avec la France. Les postes étaient
organisées comme en France dans une grande partie
du continent; mais nulle part elles n'étaient aussi
régulièrement servies, à des prix plus raisonnables
et mieux fixés. Le docteur Rigby apprécie surtout
les postes françaises, en usant des postes allemandes
et hollandaises. Il signale, au nord de Cologne, l'arbitraire, la mauvaise volonté, la friponnerie des
maîtres de poste, qui volent sur le prix des chevaux
et le change des monnaies. Il s'écrie en traversant
la Westphalie : « Le pays est si dépourvu d'intérêts,
les routes sont si mauvaises, les postes organisées
d'une manière si infâme que la patience de Job n'y
résisterait pas! » En Hollande, volé de même par
les postillons et les maîtres de postes, il dira : « La
fraude et le mensonge sont ici à l'ordre du jour. »
D'autres voyageurs, comme Guibert, attestent aussi
la mauvaise organisation et la cherté des postes dans

diverses contrées de l'Allemagne[1]. Karamsine se rend
en poste en 1789 de Gotha à Francfort; non seulement la route est si mauvaise qu'il faut aller au
pas, mais il est obligé d'attendre de longues heures
à presque tous les relais.

Les voitures publiques étaient surtout défectueuses
dans la majeure partie du continent. En Italie et en
Espagne, elles existaient à peine. Si, en Allemagne,
on pouvait citer comme un modèle d'organisation les
bateaux du Danube appelés maisons de bois, qui
faisaient le service entre Ratisbonne et Vienne, que
dire des chariots de voyage du nord de l'Allemagne,
où les passagers, sans couvertures ni portières, étaient
couchés sur la paille, exposés à toutes les intempéries de l'air? Que dire du chariot de poste, dans
lequel Bernardin de Saint-Pierre se rendit de Riga
à Breslau, où les voyageurs étaient assis deux par
deux sur des bancs de bois, leurs malles sous leurs
pieds, le ciel sur leur tête, ne s'arrêtant que pour
prendre leurs repas dans de misérables auberges, où
l'on ne trouvait que du pain noir, de l'eau-de-vie
de grain et du café?

L'aspect général du pays répondait-il à la barbarie de ces moyens de communication? On ne saurait répondre à cette question d'une manière absolue.
Il y avait en Allemagne, comme en France, des différences marquées entre les diverses régions dont se
composait le pays. Certaines villes présentaient l'apparence de la richesse et de la prospérité. Vienne,
Dresde, Prague étaient de belles résidences, où

---

[1] Voir entre autres le *Voyage en Hollande...* d'Anne
Radcliffe, trad. par Cantwel, I, 24 ; II, 79 à 84.

les étrangers trouvaient une vie agréable et facile. A Vienne, tout respirait le goût du plaisir; la noblesse était magnifique dans ses équipages, et tout, jusqu'à l'habillement des servantes, annonçait une sorte d'opulence. Les villes libres, bien bâties, riches et commerçantes, étaient remplies d'habitants simplement et proprement vêtus; mais les résidences des petits princes avaient une tout autre physionomie. Dans leurs rues étroites et mal entretenues, on voyait des gens de qualité vêtus de toilettes fanées se croiser avec des mendiants qui composaient la moitié de la population. Les rares passants que Rigby rencontra dans les rues tristes et droites de Manheim avaient l'air tout endormi. Worms lui parut une ville grande et propre, mais s'il y était resté longtemps, il eût « couru le risque de se disloquer la mâchoire en bâillant ». Berlin, qui était nouvellement construit, présentait le contraste de ses belles maisons avec la pauvreté des habitants. Nulle part on ne voyait plus de misère, et selon Moore et Pilati, plus d'immoralité. L'aspect de Cologne était encore plus triste. Les voyageurs en tracent un tableau des plus sombres. Il ne peut pas y avoir, dit Swinburne, une ville plus mal bâtie, plus laide et plus sale; selon Risbeck, la plupart des maisons tombent en ruines; il y en a beaucoup sans habitants; le tiers de la population mendie. Rigby signale aussi la tristesse, la saleté, la mauvaise mine des habitants de cette grande ville en décadence. « L'état de misère dans lequel ils vivent semble les rendre incapables de tout effort, même de celui de se tenir propres. L'herbe pousse dans les rues, qui dans certains endroits sont si remplies d'ordures que l'odorat en est affecté. » Les promenades elles-mêmes sont désertes, et Rigby n'y rencontre que deux groupes isolés de prêtres et de soldats oisifs[1].

Si, comme le dit Risbeck, Cologne était alors la ville la plus laide de l'Allemagne, si elle constituait une exception, il n'en est pas moins certain que les villes de France, supérieures, de l'aveu d'Arthur Young, à celles d'Angleterre, l'étaient aussi à celles d'Allemagne. Paris ne pouvait rivaliser qu'avec Londres, sur lequel il l'emportait par la beauté de ses édifices et de ses constructions, s'il lui cédait pour l'étendue et la population. Les villes provinciales de France n'étaient pas comparables pour les richesses artistiques à celles de l'Italie; si elles n'avaient pas les charmes et la beauté de ces dernières, elles étaient loin de présenter comme elles des signes de décadence, et elles montraient de toutes parts, surtout depuis le milieu du XVIIIe siècle, d'incontestables marques de prospérité, qu'on aurait eu peine à trouver, au même degré, dans les autres villes d'Europe de même importance.

L'état de l'agriculture était-il inférieur en France à celui des autres pays? On ne peut répondre également à cette question par des exemples isolés. Il y a dans tout pays des contrées fertiles et des terres ingrates, des populations industrieuses et des populations sans énergie. L'Angleterre était incontestablement supérieure à la France par ses modes de culture et l'aisance de ses paysans. Mais les cam-

---

[1] Ces témoignages défavorables sont confirmés par ceux d'Este et surtout d'Anne Radcliffe, qui trace en outre un triste tableau de certaines petites villes des bords du Rhin, où la population semble indolente, affamée et sauvage.

pagnes de France l'emportaient encore dans leur ensemble sur celles des autres nations du continent, si l'on en excepte les Pays-Bas et la Lombardie. Les terres incultes du nord de l'Espagne contrastent avec les riches provinces du midi de la France : Rigby est frappé des vastes friches qu'il traverse en Hollande. Si l'on cite en Allemagne des régions bien cultivées et bien peuplées, comme les pays de Bade et de Wurtemberg, certaines parties de la Saxe et du Duché d'Autriche ; si les fermiers du Brandebourg et les paysans des environs de Mayence ont l'air moins misérables que ceux de France, on rencontre aussi de l'autre côté du Rhin des aspects de misère tels qu'on n'en voyait point parmi nous. Les paysans de Bohême, de Pologne, de Souabe, sont encore serfs. Risbeck nous montre de jeunes paysans serfs de Bohême, qui tout en ayant l'air heureux, marchent nu-pieds et sont à peine vêtus de guenilles. On signale, en Bavière, au milieu d'immenses friches, des huttes misérables sans cheminée, qu'on aurait peine à se figurer comme des habitations humaines. Une Anglaise parle des figures livides et décharnées des paysans des environs de Cologne ; suivant elle, les vignerons des bords du Rhin sont des plus misérables ; l'aspect de l'électorat de Trèves est tel qu'on lui donne le nom de Sibérie de l'Allemagne. Un Anglais, Este, dit que la moitié des habitants du Palatinat ont émigré en Pensylvanie pour échapper à l'excès des impôts et à la rigueur de leur sort. Un Allemand remarque que les Hessois sont très laids et vivent d'une manière sauvage ; Sacheverell Stevens observe que les habitants de la Westphalie vivent plutôt comme des bêtes que comme des chrétiens. C'est aussi l'opinion de Vol-

taire, qui écrivait, en 1750, en traversant la Westphalie : « Dans de grandes huttes qu'on appelle maisons on voit des animaux qu'on appelle hommes, qui
vivent le plus cordialement du monde pêle-mêle avec
d'autres animaux domestiques. Une certaine pierre
dure, noire et gluante, composée à ce qu'on dit d'une
espèce de seigle, est la nourriture des maîtres de la
maison. Qu'on plaigne après cela nos paysans ! »

Rigby est également frappé du contraste que présentent avec la France les régions de l'Allemagne qu'il
parcourt. Il rencontre à peine quelques habitations
dans les campagnes du Palatinat, « ce qui, dit-il, est
tout à fait le contraire de la France, qui est pleine
de maisons et d'habitants. » S'il apprécie la fertilité
des environs de Mayence, il trouvera de vastes friches
au delà de Cologne. Dans le duché de Clèves, dit-il,
il n'y a pas la centième partie du sol qui soit cultivée,
et là où il l'est, on ne semble guère récolter que le
sarrazin, qui est à la fois la nourriture des hommes
et celle des bestiaux. Qui pourrait désirer vivre en
Allemagne?... Et Rigby n'hésite pas à attribuer cette
apparence de misère aux régimes despotiques qui
existent dans ces contrées. « La terre, dit-il senten-
cieusement, n'est jamais cultivée dans les États d'un
tyran. »

Arthur Young, dont les voyages et les observations
ont été plus étendus, ne conclut point d'une manière
aussi absolue que le docteur Rigby. Tout en attri-
buant, comme nous l'avons vu, une grande influence
au gouvernement, il dira qu'il y a une véritable diversité parmi les gouvernements arbitraires, que l'on
rencontre dans toutes les nations du continent. « Impossible, dit-il, de ne pas reconnaître la douceur du

gouvernement français, tempéré par la douceur des mœurs nationales. » Il le trouve « libéral en comparaison des autres ». C'est à peine si l'on peut signaler quelques exceptions en Suisse, et si quelques princes, comme le duc de Toscane, Léopold, méritent d'être hautement loués pour la sagesse de leurs lois. Les républiques de Venise et de Gênes sont administrées par des aristocraties en décadence. En Allemagne surtout, les diverses classes du peuple ne se confondent pas comme en France ; le tiers état n'a pas d'accès auprès de la noblesse. Presque partout l'on y signale, à la fin du XVIIIe siècle, les abus d'un régime militaire à outrance. Les petits princes mettent leur orgueil à faire manœuvrer leurs soldats comme des automates ; l'un a un manège couvert et chauffé, où quinze cents hommes peuvent faire leurs exercices ; l'autre en fait parader tous les jours trois cents dans sa salle à manger. Tous ces soldats, qui ont acquis une rare précision de mouvement, sont menés au bâton, et, selon l'expression de Moore, comme des épagneuls. « Leur vie, dit Rigby en parlant des soldats prussiens, est un esclavage abject. Les quatorze mille hommes de garnison à Wesel n'ont que six sous par jour et n'ont pas le droit de sortir de la ville sans permission. Ajoutez qu'ils doivent servir dix ans et qu'on les maltraite s'ils demandent à être libérés au bout de ce temps. » Rigby a peut-être tort de conclure, de la stérilité du duché de Clèves, que tous les États soumis à un gouvernement capable de pareils actes devaient être incultes et dépeuplés ; l'aisance des fermiers de Brandebourg, certifiée par d'autres voyageurs, pouvait démentir ce que cette assertion avait de trop absolu ; mais il est certain que cette servitude

militaire, que Moore trouve pire que l'esclavage asia-
tique, ne devait pas même être justifiée par ses résultats, puisque ces troupes si savamment exercées devaient être longtemps battues par les armées françaises
de la république et de l'empire.

La France s'était pourtant engouée du militarisme
prussien. Comme il arrive après les guerres malheureuses, on la vit, après la guerre de Sept ans, s'effor-
cer d'imiter ses vainqueurs; elle admira la constitution anglaise; elle admira l'armée prussienne. Un
écrivain militaire français, qui était plutôt disposé
à faire l'éloge que la critique de cette armée, n'hésite pas à dire, en parlant des Prussiens : « Nous les
avons copiés sur beaucoup de détails; heureux si nous
n'avions pas outré! plus heureux si, en les imitant,
nous n'avions pas cessé de nous estimer! » Le génie
français ne doit pas emprunter, pour exceller, les
moyens qui s'adaptent au génie tout différent des
autres peuples. D'ailleurs, la France avait encore une
part assez large et assez belle pour n'avoir rien à
envier à autrui. Sans doute, en 1788, elle ne domi-
nait pas de haut tous les peuples de l'Europe, comme
elle le faisait en 1680; depuis le règne de Louis XIV,
son astre avait pâli, mais c'était encore le plus éclatant des astres. Si la Russie, l'Angleterre, la Prusse
avaient grandi au xviii⁰ siècle, la France était encore
le premier royaume de l'Europe. Comme toutes les
choses humaines, elle présentait, il est vrai, des
ombres parmi ses clartés; on pouvait y signaler des
abus et des misères; on pouvait, surtout de 1690
à 1770, montrer des masures dans ses villes et ses
villages, des friches dans ses campagues, des mendiants et des gens déguenillés parmi ses habitants;

mais on en aurait trouvé bien d'autres à l'étranger. Il est même à remarquer que plus d'un voyageur, en voyant en France certains aspects de misère, ne trouve rien de mieux pour les faire bien apprécier que de les comparer à des aspects analogues qu'il a observés dans d'autres contrées, en Allemagne, par exemple. Plus d'un voyageur pourrait aussi dire ce que Rigby écrivait en 1789 : « Combien les pays et les peuples que nous avons vus depuis que nous avons quitté la France perdent à être comparés à cette nation pleine de vie ! » Elle l'emportait en effet sur les autres peuples par la douceur des mœurs, la diffusion des lumières, la modération des lois, la répartition de l'aisance ; seule l'Angleterre lui était supérieure par ses institutions, quoique ces institutions n'empêchassent pas l'oppression de l'Irlande et l'extrême indigence des dernières classes des villes. A tout prendre, au point de vue matériel comme au point de vue intellectuel, la France du XVIIIe siècle avait une supériorité sensible sur les autres nations civilisées ; à ce titre seul, elle mériterait le respect et l'estime, qu'on lui refuse trop souvent de nos jours, et que la justice, plus encore que le patriotisme, commande de lui accorder.

FIN

NOTE

—

Les récits que nous avons analysés sont assez nombreux pour qu'on puisse se faire une idée de l'intérêt que présentent des documents de ce genre pour l'étude du passé de la France; si l'on voulait dresser une liste aussi complète que possible de ces documents, il faudrait rédiger une bibliographie spéciale que nous entreprendrons peut-être, mais qui ne saurait trouver ici sa place. Nous citerons seulement, en terminant, parmi les voyageurs en France que nous n'avons pas mentionnés, le Portugais João Barreto (1641), l'habitant de Mulhouse, Jean-Gaspard Dolfuss (1663). les Allemands Limbert (1690) et Sturmius (1719), les Anglais W. Bromley (1691, *Remarks on the grand tour of France and Italy*), et Veryard (1701), le Français Dumont (1699), et divers auteurs de petits voyages provinciaux, Delaroque (1726), Dom Toussaint Duplessis (1738), Rulhière (1759), Guichard (1761), Diderot (1770, *Voyage à Bourbonne*), de Vermont l'aîné (1783) et Boudon de Saint-Amans, qui a publié à Metz, en 1789, des *Fragments d'un voyage sentimental et pittoresque dans les Pyrénées*.

41826. — 1928. — TOURS, IMPR. MAME